Mein

Rekru-Tier

KONTAKT
KALENDER

www.rekrutier.de

3. Auflage 2018

ISBN 9783941412552

© 2014 REKRU-TIER GmbH, München
www.rekrutier.de

Lektorat und Layout: Bernhard Edlmann Verlagsdienstleistungen,
Raubling

Made in EU

Lieber Networker,

herzlichen Glückwunsch, dass du den Rekru-Tier Kontakt
kalender erworben hast – den etwas anderen Kalender.

Er wird für dich ein wichtiges Hilfsmittel sein, um stets den Überblick
über alles zu behalten, was mit deinem Geschäft zu tun hat: darüber,
was du in der aktuellen Woche zu tun hast, welche neuen Kontakte
du Tag für Tag machst und wie viele Sponsor-/Rekrutierungsgesprä-
che du führst.

Außerdem regt er dich an, immer am Ende einer Woche darüber
nachzudenken, was gut gelaufen ist und was du verbessern könn-
test – auf dem geschäftlichen, aber auch dem privaten Feld. Eine
eigene Seite kannst du Woche für Woche dafür nutzen, dir ganz
spontan Ideen zu notieren, die du aufgrund von Erfahrungen in dei-
nem Geschäftsalltag hattest.

All das solltest du dir bei deinem Wochenrückblick vornehmen – den
du am besten auf einen festen Termin am Samstag oder Sonntag legst
und gleich mit der Planung für die kommende Woche kombinierst. Auch
dafür bietet dir unser Kalender selbstverständlich ein Formular an.

Das Schönste an der Sache: Deine Entscheidung, den Rekru-Tier
Kontaktkalender zu nutzen, ist nicht vom Datum abhängig. Du kannst
in jeder beliebigen Woche einsteigen, damit er dir dann für das kom-
mende Vierteljahr zur Verfügung steht (er reicht für 14 Wochen). Jede
Woche beginnt mit einem Blanko-Formular, in das du jeweils einfach
das aktuelle Datum einträgst – danach kannst du ihn wie einen „nor-
malen" Kalender nutzen.

Dein Zusatznutzen: Der Rekru-Tier Kontaktkalender unterstützt dich
auch bei der Langfristplanung. Im ersten Teil, bevor das eigentliche
Wochen-Kalendarium beginnt, findest du Hilfestellungen und jede
Menge Platz, um deine Langfristziele zu definieren und daraus deine
Jahres- und schließlich Wochenplanung abzuleiten.

Nun bleibt uns nur noch, dir viel Spaß und Erfolg mit dem etwas ande-
ren Kalender zu wünschen!

Deine Rekru-Tiere
Rainer von Massenbach, Tobias Schlosser und Alexander Riedl

Inhalt

Meine Ziele

Bewusst machen
Definieren
Zielerreichung planen

„Heute bist du dort,
wohin dich deine Gedanken gebracht haben.
Du wirst morgen dort sein,
wohin dich deine Gedanken dann führen.“
(James Allen)

Träume und Wünsche

Der erste Schritt zur Planung ist das Träumen!

Wer etwas erreichen will, sollte für sich zuerst einmal definieren, *was* er erreichen will. Vielleicht eine Binsenweisheit – aber wie viele Menschen gibt es, die zwar ständig neue Aktivitäten und Projekte beginnen, aber dabei aus den Augen verloren haben, wo sie überhaupt hinwollen? – „Ich weiß zwar nicht, wohin ich will, dafür bin ich viel eher dort", sang schon der österreichische Altmeister des Kabaretts Helmut Qualtinger.

Die beste Methode, sich über seine Ziele klar zu werden, ist das Träumen! Denn nur wer es sich erlaubt zu träumen, wird sich bewusst, was seine *echten* Ziele sind. Er bekommt wieder eine genaue Vorstellung davon, was für ihn im Leben wichtig ist, und hat keinen Zweifel mehr, in welche Richtung er gehen soll.

Wer planen will, braucht Langfristziele – und wer für sich Langfristziele definieren will, der sollte sich mit ihnen auch wirklich identifizieren. Planung funktioniert also nur, wenn wir unsere Gefühle mit einbeziehen – und vor allem eben unsere Träume.

Träume hat nur der, der sich dafür Zeit nimmt – wer seine wahren Ziele erkennen will, sollte sich mindestens eine halbe Stunde einfach hinsetzen, ruhig werden, in sich hineinhören, nachdenken.

Danach wird er sich über vieles klarer sein. Und er sollte sich seine Wünsche und Träume notieren, damit er sie sich jedes Mal, wenn er sein Ziel aus dem Fokus zu verlieren droht, wieder vor Augen führen kann.

Beim Aufschreiben der Träume ist vor allem eines wichtig: Nicht filtern, sondern spontan das zu Papier bringen, was man gedacht und geträumt hat!

Meine Träume und Wünsche

Langfristige Ziele

Wer seine Ziele formuliert, sieht sie klarer

Nach der reinen „Gefühlsarbeit" des Träumens und Träume-Notierens geht es jetzt daran, Struktur in diese Träume zu bringen.

Wie lassen sich die einzelnen Dinge, die ich geträumt habe, als konkrete Ziele formulieren?

Wichtig ist dabei, zunächst noch gar nicht an die Umsetzung zu denken. Das kommt alles später!

Auch sollte man noch nicht zwischen privaten und beruflichen Zielen unterscheiden. Wenn es zum Beispiel darum geht, finanziell unabhängig zu werden, hat dieses Ziel eine private und eine berufliche Komponente. Wenn ich ein eigenes Haus erwerben will, ist das zwar ein privates Ziel, aber ich muss das Haus auch finanzieren – und das könnte Auswirkungen auf meine beruflichen Ziele haben.

Aber das zunächst nur als Hintergrund – als Erstes geht es darum, dass die Ziele einfach einmal auf dem Papier stehen.

Es sind sicherlich mehrere Ziele – wir werden uns im Anschluss mit jedem einzeln beschäftigen!

Meine langfristigen Ziele

Rekru-Tier
www.rekrutier.de

1 _____
_____
_____

2 _____
_____
_____

3 _____
_____
_____

4 _____
_____
_____

5 _____
_____
_____

Ziele konkretisieren

Schritt für Schritt den eigenen Wünschen näher kommen

Jetzt ist es an der Zeit, über jedes einzelne der Ziele etwas genauer nachzudenken und sich ein paar Fragen dazu zu stellen.

Was gehört alles dazu, wenn ich dieses Ziel erreicht habe? Was alles wird dann anders sein? Was habe oder kann ich dann, was ich vorher nicht gehabt oder gekonnt habe?

Und was gehört alles an Voraussetzungen dazu, um dieses Ziel erreichen zu können?

Welche einzelnen Schritte muss ich unternehmen, um diese Voraussetzungen zu schaffen und dann das Ziel zu erreichen? Oder welche Vorstufen/Zwischenstufen gibt es, die ich erst erreichen muss, um an mein Ziel zu kommen?

In welcher Zeit kann ich diese einzelnen Schritte schaffen oder die Vorstufen/Zwischenstufen erreichen?

Wichtig ist hier, realistisch zu bleiben. Es bringt nichts, sich Höchstleistungen innerhalb kürzester Zeit vorzunehmen. Schließlich gibt es auch das Tagesgeschäft, das immer weiterlaufen muss, es gibt die Familie, die Freunde/innen, die Hobbys und vielleicht den Hauptberuf.

Andererseits ist es ebenso wichtig, kontinuierlich an der Erreichung seiner Ziele zu arbeiten. Man sollte sich schon an dieser Stelle überlegen: Was kann ich wöchentlich, täglich dafür tun, um das Ziel zu erreichen? Mehr Gedanken dazu werden wir uns unter „Tag für Tag an seinen Zielen arbeiten" ab Seite 20 machen.

Wenn wir als Beispiel das Erlernen einer Fremdsprache nehmen:

Zu meinem Ziel gehört es, dass ich mich mit den Menschen in dem jeweiligen Land mündlich und schriftlich verständigen kann.

Als Voraussetzung muss ich einen ausreichenden Grundstock an Vokabeln haben, die Grundbegriffe der Grammatik beherrschen und üben, üben, üben: zuerst vielleicht Zeitungen aus dem jeweiligen Land regelmäßig lesen, dann Fernseh- und Radiosendungen verfolgen und schließlich immer wieder mit Menschen aus diesem Land telefonieren.

Ziel 1: _____

Das alles gehört zu meinem Ziel:

_____

_____

_____

_____

_____

Voraussetzungen, um all das erreichen zu können:

1 _____

2 _____

3 _____

4 _____

5 _____

6 _____

7 _____

Das sind die Zwischenstufen, die mich zu meinem Ziel führen:

Zwischenstufe   *Zeithorizont*

1 _____   _____

2 _____   _____

3 _____   _____

4 _____   _____

5 _____   _____

6 _____   _____

7 _____   _____

Das alles gehört zu meinem Ziel:

_____
_____
_____
_____
_____

Voraussetzungen, um all das erreichen zu können:

1 _____
2 _____
3 _____
4 _____
5 _____
6 _____
7 _____

Das sind die Zwischenstufen, die mich zu meinem Ziel führen:

Zwischenstufe   *Zeithorizont*

1 _____   _____
2 _____   _____
3 _____   _____
4 _____   _____
5 _____   _____
6 _____   _____
7 _____   _____

Ziel 3: _____

Rekru-Tier
www.rekrutier.de

Das alles gehört zu meinem Ziel:

_____

_____

_____

_____

_____

Voraussetzungen, um all das erreichen zu können:

1 _____
2 _____
3 _____
4 _____
5 _____
6 _____
7 _____

Das sind die Zwischenstufen, die mich zu meinem Ziel führen:

Zwischenstufe   *Zeithorizont*

1 _____   _____
2 _____   _____
3 _____   _____
4 _____   _____
5 _____   _____
6 _____   _____
7 _____   _____

Ziele konkretisieren

Ziel 4: _____

Das alles gehört zu meinem Ziel:

_____

_____

_____

_____

_____

Voraussetzungen, um all das erreichen zu können:

1 _____

2 _____

3 _____

4 _____

5 _____

6 _____

7 _____

Das sind die Zwischenstufen, die mich zu meinem Ziel führen:

Zwischenstufe   *Zeithorizont*

1 _____   _____

2 _____   _____

3 _____   _____

4 _____   _____

5 _____   _____

6 _____   _____

7 _____   _____

Das alles gehört zu meinem Ziel:

_____

_____

_____

_____

_____

Voraussetzungen, um all das erreichen zu können:

1 _____

2 _____

3 _____

4 _____

5 _____

6 _____

7 _____

Das sind die Zwischenstufen, die mich zu meinem Ziel führen:

Zwischenstufe	*Zeithorizont*
1 _____	_____
2 _____	_____
3 _____	_____
4 _____	_____
5 _____	_____
6 _____	_____
7 _____	_____

Jahresziele definieren

Und jetzt stehen die Ziele klar im Kalender!

Für die Erreichung unserer großen Ziele haben wir bereits Zwischenstufen und Zeithorizonte ins Auge gefasst.

Jetzt ist der nächste Schritt, das in eine konkrete Jahresplanung umzusetzen.

Wo will ich, was die Umsetzung meiner Ziele angeht, Ende dieses Jahres stehen, wo Ende des nächsten und wo Ende des übernächsten Jahres?

Die Jahresziele sollten dabei so konkret und eindeutig wie möglich definiert werden.

Wenn wir bei dem Beispiel der Fremdsprache bleiben: Wir schreiben uns die genaue Zahl der Wörter auf, die wir bis zum Jahresende beherrschen wollen, oder/und bei welcher Lektion wir im Lehrbuch/in der Grammatik stehen wollen.

Wenn es um unser Geschäft geht, definieren wir exakt die Zahl der Partner, die Umsätze etc., die wir erreicht haben wollen.

Wie schon gesagt, ist es bei alldem wichtig, sich nicht zu überfordern. Um diese Gefahr zu vermeiden, kann man mit der Jahresplanung auch „von hinten anfangen" und zuerst realistische Tages- und Wochenziele definieren (siehe „Tag für Tag an seinen Zielen arbeiten" ab Seite 20), ehe man die genauen Jahresziele festlegt. Sollten sich die festgelegten Zeithorizonte für die Zwischenstufen („Ziele konkretisieren" ab Seite 10) dabei ein wenig verschieben, ist das kein Beinbruch!

Meine Jahresplanung für _____

Rekru-Tier
www.rekrutier.de

Ziel 1: _____ – Hier will ich stehen:

_____

_____

_____

Ziel 2: _____ – Hier will ich stehen:

_____

_____

_____

Ziel 3: _____ – Hier will ich stehen:

_____

_____

_____

Ziel 4: _____ – Hier will ich stehen:

_____

_____

_____

Ziel 5: _____ – Hier will ich stehen:

_____

_____

_____

Jahresziele definieren

Meine Jahresplanung für _____

Rekru-Tier
www.rekrutier.de

Ziel 1: _____ – Hier will ich stehen:

_____

_____

_____

Ziel 2: _____ – Hier will ich stehen:

_____

_____

_____

Ziel 3: _____ – Hier will ich stehen:

_____

_____

_____

Ziel 4: _____ – Hier will ich stehen:

_____

_____

_____

Ziel 5: _____ – Hier will ich stehen:

_____

_____

_____

Meine Jahresplanung für _____

Rekru-Tier
www.rekrutier.de

Ziel 1: _____ – Hier will ich stehen:

_____

_____

_____

Ziel 2: _____ – Hier will ich stehen:

_____

_____

_____

Ziel 3: _____ – Hier will ich stehen:

_____

_____

_____

Ziel 4: _____ – Hier will ich stehen:

_____

_____

_____

Ziel 5: _____ – Hier will ich stehen:

_____

_____

_____

Jahresziele definieren

Rekru-Tier
www.rekrutier.de

Kleine, leicht erreichbare Zwischenschritte zum großen Ziel

Hier kommt der alles entscheidende Punkt für die Zielerreichung: Die ganz großen Fernziele, vielleicht Lebensziele, die jetzt dank unserer Zwischenstufen („Ziele konkretisieren" ab Seite 10) schon viel von ihrer Ferne und Größe verloren haben, weiter herunterzubrechen auf lauter ganz kleine Teilziele.

Das hat zwei positive Wirkungen: Erstens arbeitet man kontinuierlich an seinen Zielen und kommt ihnen auf diese Weise wirklich näher. Zweitens stellen diese kleinen Teilziele keine großen Hürden dar, vor denen man Scheu haben müsste – sie sind leicht und schnell zu erreichen. Auf diese Weise weiß man jeden Tag, was man zu tun hat, um seinen großen Zielen näher zu kommen, und kommt ihnen ohne große Mühe tatsächlich näher. Das gibt ein gutes Gefühl und motiviert ganz enorm!

Im Prinzip ist alles ganz einfach: Wir rechnen das, was wir uns als Jahresziel vorgenommen haben, auf die einzelne Woche beziehungsweise, besser noch, auf den einzelnen Tag um. Dabei berücksichtigen wir, dass wir auch einmal in Urlaub fahren wollen oder krank werden können, sodass vielleicht ein hundertprozentig kontinuierliches Arbeiten nicht möglich ist – daher setzen wir unsere „Tagesportion" ein wenig größer an, als sie rein rechnerisch sein müsste.

Bei der Fremdsprache wären es die Zahl der zu lernenden und zu wiederholenden Vokabeln, die wir uns für jeden Tag aufschreiben müssen, eventuell die Zahl der Seiten im Lehrbuch und/oder das, was man in der Fremdsprache liest oder sich anhört.

Das A und O ist, dass wir bei der Detailplanung nicht Ergebnisse, sondern Aktivitäten ins Auge fassen. Das heißt, wenn wir uns für das laufende Jahr einen bestimmten Umsatz oder eine bestimmte Zahl von Partnern für unser Geschäft vorgenommen haben, planen wir nicht Umsätze oder Partner, sondern neue Kontakte und Verkaufs-/Sponsorgespräche pro Woche/pro Tag. Dazu müssen wir ständig unsere Quote im Auge haben – also wissen: Wie viele Kontakte und Gespräche brauche ich für einen Abschluss/einen neuen Partner?

Ziel 1: _____

Jahresaufgabe 1:

_____

_____

Wochenaufgabe   *Tagesaufgabe*

_____   _____

_____   _____

_____   _____

Jahresaufgabe 2:

_____

_____

Wochenaufgabe   *Tagesaufgabe*

_____   _____

_____   _____

_____   _____

Jahresaufgabe 3:

_____

_____

Wochenaufgabe   *Tagesaufgabe*

_____   _____

_____   _____

_____   _____

Ziel 2: _____

Jahresaufgabe 1:

_____

_____

Wochenaufgabe   *Tagesaufgabe*

_____   _____

_____   _____

_____   _____

Jahresaufgabe 2:

_____

_____

Wochenaufgabe   *Tagesaufgabe*

_____   _____

_____   _____

_____   _____

Jahresaufgabe 3:

_____

_____

Wochenaufgabe   *Tagesaufgabe*

_____   _____

_____   _____

_____   _____

Ziel 3: _____

Jahresaufgabe 1:

_____

_____

Wochenaufgabe   *Tagesaufgabe*

_____   _____

_____   _____

_____   _____

Jahresaufgabe 2:

_____

_____

Wochenaufgabe   *Tagesaufgabe*

_____   _____

_____   _____

_____   _____

Jahresaufgabe 3:

_____

_____

Wochenaufgabe   *Tagesaufgabe*

_____   _____

_____   _____

_____   _____

Ziel 4: _____

Jahresaufgabe 1:

_____

_____

Wochenaufgabe   *Tagesaufgabe*

_____   _____

_____   _____

_____   _____

Jahresaufgabe 2:

_____

_____

Wochenaufgabe   *Tagesaufgabe*

_____   _____

_____   _____

_____   _____

Jahresaufgabe 3:

_____

_____

Wochenaufgabe   *Tagesaufgabe*

_____   _____

_____   _____

_____   _____

Ziel 5: _____

Jahresaufgabe 1:

_____

_____

Wochenaufgabe   *Tagesaufgabe*

_____   _____

_____   _____

_____   _____

Jahresaufgabe 2:

_____

_____

Wochenaufgabe   *Tagesaufgabe*

_____   _____

_____   _____

_____   _____

Jahresaufgabe 3:

_____

_____

Wochenaufgabe   *Tagesaufgabe*

_____   _____

_____   _____

_____   _____

Tag für Tag an seinen Zielen arbeiten

Rekru-Tier
www.rekrutier.de

Die Motivations-Tankstelle für jeden Tag

Wer Ziele hat, an denen er längerfristig „dranbleiben" möchte, tut gut daran, sich regelmäßig vorzustellen, wie es sein wird, wenn er sie erreicht hat. Das gibt gerade in Phasen, in denen man einmal nicht so gut drauf ist, einen gewaltigen Schub neuer Motivation.

Das Mittel Nummer eins, um unsere Zielerreichung im wörtlichen Sinne immer „vor Augen zu haben", ist die Zielcollage: Wir suchen Bilder von unserem Traumziel – vom Traumhaus, dem Traumauto, dem Traumurlaub, oder was auch immer wir auf diesen Seiten als das definiert haben, was wir erreichen wollen. Eine gute Quelle dafür sind einschlägige Kataloge – also zum Beispiel Musterhauskataloge, Kataloge von Autoherstellern oder Reiseveranstaltern. Auch in Zeitschriften finden wir häufig tolle Fotos, die unsere Vorstellungskraft beflügeln und uns erleben lassen, wie es sein wird, wenn wir am Ziel sind. Ebenso ist es möglich, im Internet auf die Suche zu gehen. Das alles schneiden wir beziehungsweise drucken es aus und kleben es zu einem eindrucksvollen Panorama unserer Wunscherfüllung zusammen. Ganz wichtig: An zentraler Stelle muss jetzt noch das eigene Bild oder das der eigenen Familie mit hinein. Schon haben wir die Wunscherfüllung bildlich vor uns!

Noch wesentlich wirksamer wird das Ganze in Kombination mit einem kleinen Text, der genau ausmalt, wie der Zustand aussieht, wenn wir unser Ziel erreicht haben. Wichtig ist dabei, den Text so zu formulieren, als ob wir unser Ziel aktuell schon erreicht hätten, und außerdem, den Zielzustand möglichst konkret und detailliert auszumalen: Was alles wird mein Leben dann verändert und bereichert haben?

Die folgenden Seiten dienen dazu, das Erreichen unserer Hauptziele in Text und Bild möglichst konkret erlebbar zu machen – seine Zielcollage sollte man am besten täglich anschauen und sich den Text jeden Tag vorsprechen oder ihn auf Tonträger aufnehmen und regelmäßig abhören. So pflanzen wir die Vorstellung vom Zustand nach der Zielerreichung fest in unser Unterbewusstsein ein – und das Unterbewusstsein ist unser bester Verbündeter, wenn es darum geht, uns selbst auf die Zielerreichung zu programmieren!

Ziel 1: _____

Rekru-Tier
www.rekrutler.de

Das habe ich erreicht:

_____

_____

_____

Das heißt im Einzelnen:

1 _____

_____

2 _____

_____

3 _____

_____

Das hat sich für mich verbessert:

1 _____

_____

_____

2 _____

_____

_____

3 _____

_____

_____

4 _____

_____

_____

Ziele visualisieren

Ziel 2: _____

Das habe ich erreicht:

_____

_____

_____

Das heißt im Einzelnen:

1 _____

_____

2 _____

_____

3 _____

_____

Das hat sich für mich verbessert:

1 _____

_____

_____

2 _____

_____

_____

3 _____

_____

_____

4 _____

_____

_____

Ziel 3: _____

Rekru-Tier
www.rekrutier.de

Das habe ich erreicht:

_____

_____

_____

Das heißt im Einzelnen:

1 _____

_____

2 _____

_____

3 _____

_____

Das hat sich für mich verbessert:

1 _____

_____

_____

2 _____

_____

_____

3 _____

_____

_____

4 _____

_____

_____

Ziele visualisieren

Ziel 4: _____

Das habe ich erreicht:

_____

_____

_____

Das heißt im Einzelnen:

1 _____

_____

2 _____

_____

3 _____

_____

Das hat sich für mich verbessert:

1 _____

_____

_____

2 _____

_____

_____

3 _____

_____

_____

4 _____

_____

_____

Ziel 5: _____

Das habe ich erreicht:

_____

_____

_____

Das heißt im Einzelnen:

1 _____

_____

2 _____

_____

3 _____

_____

Das hat sich für mich verbessert:

1 _____

_____

_____

2 _____

_____

_____

3 _____

_____

_____

4 _____

_____

_____

Ziele visualisieren

Meine Zielcollage 1:

_____

Ziele visualisieren

Meine Zielcollage 2:

_____

Ziele visualisieren

Meine Zielcollage 3:

_____

Ziele visualisieren

Meine Zielcollage 4:

_____

Rekru-Tier
www.rekrutier.de

Ziele visualisieren

Meine Zielcollage 5:

_____

Ziele visualisieren

_____. Woche

vom _____ bis _____

> „Es gibt kein Problem im Network-Marketing,
> das du nicht durch neue Geschäftspartner
> lösen kannst."

Meine Wochenplanung

Zu erledigen aufgrund meiner Langfrist-/Jahresziele (Seite 8 bis 25):

Aufgabe   *erl.*

1 _____ ☐

2 _____ ☐

3 _____ ☐

4 _____ ☐

5 _____ ☐

Diese „Ideen" aus den letzten Wochen möchte ich umsetzen:

1 _____ ☐

2 _____ ☐

3 _____ ☐

4 _____ ☐

5 _____ ☐

Nicht erledigtes Ziel aus der letzten Woche (hier steht hoffentlich gar nichts! ☺):

1 _____ ☐

Themen für das Teammeeting diese Woche:

1 _____

2 _____

3 _____

4 _____

5 _____

Montag, _____

Meine neuen Kontakte von heute:

🐾 _____	🐾 _____
(_____	(_____
🐾 _____	🐾 _____
(_____	(_____
🐾 _____	🐾 _____
(_____	(_____
🐾 _____	🐾 _____
(_____	(_____
🐾 _____	🐾 _____
(_____	(_____

Heute vereinbarte Termine: **Geführte Gespräche:**

1 _____   1 _____

2 _____   2 _____

3 _____   3 _____

4 _____   4 _____

5 _____   5 _____

Mein Umsatz: _____

Das habe ich heute erreicht:

_____

_____

Rekru-Tier
www.rekrutier.de

Meine neuen Kontakte von heute:

🌲 _____ (_____	🌲 _____ (_____
🌲 _____ (_____	🌲 _____ (_____
🌲 _____ (_____	🌲 _____ (_____
🌲 _____ (_____	🌲 _____ (_____
🌲 _____ (_____	🌲 _____ (_____

Heute vereinbarte Termine:

1 _____
2 _____
3 _____
4 _____
5 _____

Geführte Gespräche:

1 _____
2 _____
3 _____
4 _____
5 _____

Mein Umsatz: _____

Das habe ich heute erreicht:

_____

_____

Mittwoch, _____

Meine neuen Kontakte von heute:

♟ _____	♟ _____
(_____	(_____
♟ _____	♟ _____
(_____	(_____
♟ _____	♟ _____
(_____	(_____
♟ _____	♟ _____
(_____	(_____
♟ _____	♟ _____
(_____	(_____

Heute vereinbarte Termine: **Geführte Gespräche:**

1 _____   1 _____

2 _____   2 _____

3 _____   3 _____

4 _____   4 _____

5 _____   5 _____

Mein Umsatz: _____

Das habe ich heute erreicht:

_____

_____

Donnerstag, _____

Rekru-Tier
www.rekrutier.de

Meine neuen Kontakte von heute:

👤 _____	👤 _____
☎ _____	☎ _____
👤 _____	👤 _____
☎ _____	☎ _____
👤 _____	👤 _____
☎ _____	☎ _____
👤 _____	👤 _____
☎ _____	☎ _____
👤 _____	👤 _____
☎ _____	☎ _____

Heute vereinbarte Termine: **Geführte Gespräche:**

1 _____   1 _____
2 _____   2 _____
3 _____   3 _____
4 _____   4 _____
5 _____   5 _____

Mein Umsatz: _____

Das habe ich heute erreicht:

_____

_____

Freitag, _____

Rekru-Tier
www.rekrutier.de

Meine neuen Kontakte von heute:

✦ _____	✦ _____
✆ _____	✆ _____
✦ _____	✦ _____
✆ _____	✆ _____
✦ _____	✦ _____
✆ _____	✆ _____
✦ _____	✦ _____
✆ _____	✆ _____
✦ _____	✦ _____
✆ _____	✆ _____

Heute vereinbarte Termine: **Geführte Gespräche:**

1 _____   1 _____

2 _____   2 _____

3 _____   3 _____

4 _____   4 _____

5 _____   5 _____

Mein Umsatz: _____

Das habe ich heute erreicht:

_____

_____

Samstag, _____

Meine neuen Kontakte von heute:

Heute vereinbarte Termine:

1 _____
2 _____
3 _____
4 _____
5 _____

Geführte Gespräche:

1 _____
2 _____
3 _____
4 _____
5 _____

Mein Umsatz: _____

Das habe ich heute erreicht:

_____

_____

_____. Woche   50

Sonntag, _____

Meine neuen Kontakte von heute:

☻ _____		☻ _____	
(_____		(_____	
☻ _____		☻ _____	
(_____		(_____	
☻ _____		☻ _____	
(_____		(_____	
☻ _____		☻ _____	
(_____		(_____	
☻ _____		☻ _____	
(_____		(_____	

Heute vereinbarte Termine: **Geführte Gespräche:**

1 _____   1 _____

2 _____   2 _____

3 _____   3 _____

4 _____   4 _____

5 _____   5 _____

Mein Umsatz: _____

Das habe ich heute erreicht:

_____

_____

Meine Wochenbilanz – geschäftlich

Rekru-Tier
www.rekrutier.de

Das ist gut gelaufen:

_____

_____

_____

_____

Das ist nicht so gut gelaufen:

_____

_____

_____

Mögliche Gründe:

_____

_____

_____

So mache ich es künftig besser:

_____

_____

_____

Diese neuen Erkenntnisse habe ich gewonnen:

_____

_____

_____

_____

Meine Wochenbilanz – privat

Rekru-Tier
www.rekrutier.de

Work-Life-Balance:

_____

_____

_____

_____

Gesundheit:

_____

_____

_____

_____

_____

Soziale Beziehungen:

_____

_____

_____

_____

_____

Finanzen:

_____

_____

_____

_____

_____

_____. **Woche**

Ideen

An dieser Stelle notiere ich mir sofort *alles,* was mir an Ideen zur Verbesserung meiner geschäftlichen (oder auch privaten) Verhältnisse einfällt – ganz spontan und ohne lange über Durchführbarkeit und Sinn nachzudenken.

Wenn ich am Samstag/Sonntag meine Planung für die nächste Woche erstelle, nehme ich mir Zeit dafür, über jeden einzelnen der hier notierten Punkte und seine Umsetzung nachzudenken:

1 _____

_____

_____

_____

2 _____

_____

_____

_____

3 _____

_____

_____

_____

4 _____

_____

_____

_____

_____. Woche

vom _____ bis _____

„Erfolg besteht darin,
dass man genau die Fähigkeiten hat,
die im Moment gefragt sind."
(Henry Ford)

Meine Wochenplanung

Zu erledigen aufgrund meiner Langfrist-/Jahresziele (Seite 8 bis 25):

Aufgabe   *erl.*

1 _____ ☐

2 _____ ☐

3 _____ ☐

4 _____ ☐

5 _____ ☐

Diese „Ideen" aus den letzten Wochen möchte ich umsetzen:

1 _____ ☐

2 _____ ☐

3 _____ ☐

4 _____ ☐

5 _____ ☐

Nicht erledigtes Ziel aus der letzten Woche (hier steht hoffentlich gar nichts! ☺):

1 _____ ☐

Themen für das Teammeeting diese Woche:

1 _____

2 _____

3 _____

4 _____

5 _____

Montag, _____

Meine neuen Kontakte von heute:

🐾 _____		🐾 _____	
(_____		(_____	
🐾 _____		🐾 _____	
(_____		(_____	
🐾 _____		🐾 _____	
(_____		(_____	
🐾 _____		🐾 _____	
(_____		(_____	
🐾 _____		🐾 _____	
(_____		(_____	

Heute vereinbarte Termine:

1 _____
2 _____
3 _____
4 _____
5 _____

Geführte Gespräche:

1 _____
2 _____
3 _____
4 _____
5 _____

Mein Umsatz: _____

Das habe ich heute erreicht:

_____

_____

Dienstag, _____

Meine neuen Kontakte von heute:

♟ _____	♟ _____
(_____	(_____
♟ _____	♟ _____
(_____	(_____
♟ _____	♟ _____
(_____	(_____
♟ _____	♟ _____
(_____	(_____
♟ _____	♟ _____
(_____	(_____

Heute vereinbarte Termine: **Geführte Gespräche:**

1 _____   1 _____

2 _____   2 _____

3 _____   3 _____

4 _____   4 _____

5 _____   5 _____

Mein Umsatz: _____

Das habe ich heute erreicht:

_____

_____

Rekru-Tier
www.rekrutier.de

Meine neuen Kontakte von heute:

☙ _____	☙ _____
✆ _____	✆ _____
☙ _____	☙ _____
✆ _____	✆ _____
☙ _____	☙ _____
✆ _____	✆ _____
☙ _____	☙ _____
✆ _____	✆ _____
☙ _____	☙ _____
✆ _____	✆ _____

Heute vereinbarte Termine: **Geführte Gespräche:**

1 _____   1 _____

2 _____   2 _____

3 _____   3 _____

4 _____   4 _____

5 _____   5 _____

Mein Umsatz: _____

Das habe ich heute erreicht:

_____

_____

Donnerstag, _____

Meine neuen Kontakte von heute:

☙ _____	☙ _____
✆ _____	✆ _____
☙ _____	☙ _____
✆ _____	✆ _____
☙ _____	☙ _____
✆ _____	✆ _____
☙ _____	☙ _____
✆ _____	✆ _____
☙ _____	☙ _____
✆ _____	✆ _____

Heute vereinbarte Termine: **Geführte Gespräche:**

1 _____   1 _____

2 _____   2 _____

3 _____   3 _____

4 _____   4 _____

5 _____   5 _____

Mein Umsatz: _____

Das habe ich heute erreicht:

_____

_____

Freitag, _____

Meine neuen Kontakte von heute:

☘ _____	☘ _____
(_____	(_____
☘ _____	☘ _____
(_____	(_____
☘ _____	☘ _____
(_____	(_____
☘ _____	☘ _____
(_____	(_____
☘ _____	☘ _____
(_____	(_____

Heute vereinbarte Termine: **Geführte Gespräche:**

1 _____   1 _____
2 _____   2 _____
3 _____   3 _____
4 _____   4 _____
5 _____   5 _____

Mein Umsatz: _____

Das habe ich heute erreicht:

_____

_____

Samstag, _____

Meine neuen Kontakte von heute:

👤 _____	👤 _____
☎ _____	☎ _____
👤 _____	👤 _____
☎ _____	☎ _____
👤 _____	👤 _____
☎ _____	☎ _____
👤 _____	👤 _____
☎ _____	☎ _____
👤 _____	👤 _____
☎ _____	☎ _____

Heute vereinbarte Termine:　　　　**Geführte Gespräche:**

1 _____　　1 _____

2 _____　　2 _____

3 _____　　3 _____

4 _____　　4 _____

5 _____　　5 _____

Mein Umsatz: _____

Das habe ich heute erreicht:

_____

_____

Rekru-Tier
www.rekrutier.de

Meine neuen Kontakte von heute:

Heute vereinbarte Termine:

1 _____
2 _____
3 _____
4 _____
5 _____

Geführte Gespräche:

1 _____
2 _____
3 _____
4 _____
5 _____

Mein Umsatz: _____

Das habe ich heute erreicht:

_____

_____

Meine Wochenbilanz – geschäftlich

Das ist gut gelaufen:

_____

_____

_____

_____

Das ist nicht so gut gelaufen:

_____

_____

_____

Mögliche Gründe:

_____

_____

_____

So mache ich es künftig besser:

_____

_____

_____

Diese neuen Erkenntnisse habe ich gewonnen:

_____

_____

_____

_____

Meine Wochenbilanz – privat

Work-Life-Balance:

_____

_____

_____

_____

Gesundheit:

_____

_____

_____

_____

_____

Soziale Beziehungen:

_____

_____

_____

_____

_____

Finanzen:

_____

_____

_____

_____

_____

_____. **Woche**

Ideen

An dieser Stelle notiere ich mir sofort *alles,* was mir an Ideen zur Verbesserung meiner geschäftlichen (oder auch privaten) Verhältnisse einfällt – ganz spontan und ohne lange über Durchführbarkeit und Sinn nachzudenken.

Wenn ich am Samstag/Sonntag meine Planung für die nächste Woche erstelle, nehme ich mir Zeit dafür, über jeden einzelnen der hier notierten Punkte und seine Umsetzung nachzudenken:

1 _____
_____
_____
_____

2 _____
_____
_____
_____

3 _____
_____
_____
_____

4 _____
_____
_____
_____

_____. Woche

vom _____ bis _____

> „Der heutige Tag ist mehr wert
> als zwei zukünftige;
> schieb nie bis morgen auf,
> was du heute erledigen kannst."
> (Benjamin Franklin)

Meine Wochenplanung

Zu erledigen aufgrund meiner Langfrist-/Jahresziele
(Seite 8 bis 25):

Aufgabe   *erl.*

1 _____ ☐

2 _____ ☐

3 _____ ☐

4 _____ ☐

5 _____ ☐

Diese „Ideen" aus den letzten Wochen möchte ich umsetzen:

1 _____ ☐

2 _____ ☐

3 _____ ☐

4 _____ ☐

5 _____ ☐

Nicht erledigtes Ziel aus der letzten Woche (hier steht hoffentlich gar
nichts! ☺):

1 _____ ☐

Themen für das Teammeeting diese Woche:

1 _____

2 _____

3 _____

4 _____

5 _____

_____. Woche

Montag, _____

Meine neuen Kontakte von heute:

👤 _____		👤 _____	
☏ _____		☏ _____	
👤 _____		👤 _____	
☏ _____		☏ _____	
👤 _____		👤 _____	
☏ _____		☏ _____	
👤 _____		👤 _____	
☏ _____		☏ _____	
👤 _____		👤 _____	
☏ _____		☏ _____	

Heute vereinbarte Termine: **Geführte Gespräche:**

1 _____   1 _____

2 _____   2 _____

3 _____   3 _____

4 _____   4 _____

5 _____   5 _____

Mein Umsatz: _____

Das habe ich heute erreicht:

_____

_____

_____ . Woche

Dienstag, _____

Meine neuen Kontakte von heute:

♟ _____	♟ _____
(_____	(_____
♟ _____	♟ _____
(_____	(_____
♟ _____	♟ _____
(_____	(_____
♟ _____	♟ _____
(_____	(_____
♟ _____	♟ _____
(_____	(_____

Heute vereinbarte Termine: | **Geführte Gespräche:**

1 _____   1 _____

2 _____   2 _____

3 _____   3 _____

4 _____   4 _____

5 _____   5 _____

Mein Umsatz: _____

Das habe ich heute erreicht:

_____

_____

Mittwoch, _____

Meine neuen Kontakte von heute:

👤 _____	👤 _____
☎ _____	☎ _____
👤 _____	👤 _____
☎ _____	☎ _____
👤 _____	👤 _____
☎ _____	☎ _____
👤 _____	👤 _____
☎ _____	☎ _____
👤 _____	👤 _____
☎ _____	☎ _____

Heute vereinbarte Termine: **Geführte Gespräche:**

1 _____   1 _____

2 _____   2 _____

3 _____   3 _____

4 _____   4 _____

5 _____   5 _____

Mein Umsatz: _____

Das habe ich heute erreicht:

_____

_____

_____ . Woche

Donnerstag, _____

Meine neuen Kontakte von heute:

Heute vereinbarte Termine:

1 _____
2 _____
3 _____
4 _____
5 _____

Geführte Gespräche:

1 _____
2 _____
3 _____
4 _____
5 _____

Mein Umsatz: _____

Das habe ich heute erreicht:

_____
_____

Freitag, _____

Meine neuen Kontakte von heute:

👤 _____	👤 _____
☎ _____	☎ _____
👤 _____	👤 _____
☎ _____	☎ _____
👤 _____	👤 _____
☎ _____	☎ _____
👤 _____	👤 _____
☎ _____	☎ _____
👤 _____	👤 _____
☎ _____	☎ _____

Heute vereinbarte Termine: **Geführte Gespräche:**

1 _____   1 _____
2 _____   2 _____
3 _____   3 _____
4 _____   4 _____
5 _____   5 _____

Mein Umsatz: _____

Das habe ich heute erreicht:

_____

_____

Samstag, _____

Meine neuen Kontakte von heute:

👤 _____		👤 _____	
☎ _____		☎ _____	
👤 _____		👤 _____	
☎ _____		☎ _____	
👤 _____		👤 _____	
☎ _____		☎ _____	
👤 _____		👤 _____	
☎ _____		☎ _____	
👤 _____		👤 _____	
☎ _____		☎ _____	

Heute vereinbarte Termine:

1 _____
2 _____
3 _____
4 _____
5 _____

Geführte Gespräche:

1 _____
2 _____
3 _____
4 _____
5 _____

Mein Umsatz: _____

Das habe ich heute erreicht:

_____

_____

Sonntag, _____

Meine neuen Kontakte von heute:

🐾 _____	🐾 _____
(_____	(_____
🐾 _____	🐾 _____
(_____	(_____
🐾 _____	🐾 _____
(_____	(_____
🐾 _____	🐾 _____
(_____	(_____
🐾 _____	🐾 _____
(_____	(_____

Heute vereinbarte Termine:

1 _____
2 _____
3 _____
4 _____
5 _____

Geführte Gespräche:

1 _____
2 _____
3 _____
4 _____
5 _____

Mein Umsatz: _____

Das habe ich heute erreicht:

_____

_____

Meine Wochenbilanz – geschäftlich

Das ist gut gelaufen:

_____

_____

_____

_____

Das ist nicht so gut gelaufen:

_____

_____

_____

Mögliche Gründe:

_____

_____

_____

So mache ich es künftig besser:

_____

_____

_____

Diese neuen Erkenntnisse habe ich gewonnen:

_____

_____

_____

Meine Wochenbilanz – privat

Work-Life-Balance:

_____
_____
_____
_____

Gesundheit:

_____
_____
_____
_____
_____

Soziale Beziehungen:

_____
_____
_____
_____
_____

Finanzen:

_____
_____
_____
_____

_____. Woche

Ideen

An dieser Stelle notiere ich mir sofort *alles,* was mir an Ideen zur Verbesserung meiner geschäftlichen (oder auch privaten) Verhältnisse einfällt – ganz spontan und ohne lange über Durchführbarkeit und Sinn nachzudenken.

Wenn ich am Samstag/Sonntag meine Planung für die nächste Woche erstelle, nehme ich mir Zeit dafür, über jeden einzelnen der hier notierten Punkte und seine Umsetzung nachzudenken:

1 _____

_____

_____

_____

2 _____

_____

_____

_____

3 _____

_____

_____

_____

4 _____

_____

_____

_____

_____. Woche

vom _____ bis _____

„Es gibt im Leben keine Sicherheiten,
sondern nur Gelegenheiten!"

Meine Wochenplanung

Zu erledigen aufgrund meiner Langfrist-/Jahresziele
(Seite 8 bis 25):

Aufgabe   *erl.*

1 _____ ☐

2 _____ ☐

3 _____ ☐

4 _____ ☐

5 _____ ☐

Diese „Ideen" aus den letzten Wochen möchte ich umsetzen:

1 _____ ☐

2 _____ ☐

3 _____ ☐

4 _____ ☐

5 _____ ☐

Nicht erledigtes Ziel aus der letzten Woche (hier steht hoffentlich gar
nichts! ☺):

1 _____ ☐

Themen für das Teammeeting diese Woche:

1 _____

2 _____

3 _____

4 _____

5 _____

Montag, _____

Meine neuen Kontakte von heute:

👤 _____	👤 _____
☎ _____	☎ _____
👤 _____	👤 _____
☎ _____	☎ _____
👤 _____	👤 _____
☎ _____	☎ _____
👤 _____	👤 _____
☎ _____	☎ _____
👤 _____	👤 _____
☎ _____	☎ _____

Heute vereinbarte Termine: **Geführte Gespräche:**

1 _____   1 _____

2 _____   2 _____

3 _____   3 _____

4 _____   4 _____

5 _____   5 _____

Mein Umsatz: _____

Das habe ich heute erreicht:

_____

_____

Meine neuen Kontakte von heute:

♟ _____		♟ _____	
(_____		(_____	
♟ _____		♟ _____	
(_____		(_____	
♟ _____		♟ _____	
(_____		(_____	
♟ _____		♟ _____	
(_____		(_____	
♟ _____		♟ _____	
(_____		(_____	

Heute vereinbarte Termine: **Geführte Gespräche:**

1 _____   1 _____

2 _____   2 _____

3 _____   3 _____

4 _____   4 _____

5 _____   5 _____

Mein Umsatz: _____

Das habe ich heute erreicht:

_____

_____

Mittwoch, _____

Meine neuen Kontakte von heute:

Heute vereinbarte Termine:

1 _____
2 _____
3 _____
4 _____
5 _____

Geführte Gespräche:

1 _____
2 _____
3 _____
4 _____
5 _____

Mein Umsatz: _____

Das habe ich heute erreicht:

_____

_____

Donnerstag, _____

Meine neuen Kontakte von heute:

👤 _____	👤 _____
☎ _____	☎ _____
👤 _____	👤 _____
☎ _____	☎ _____
👤 _____	👤 _____
☎ _____	☎ _____
👤 _____	👤 _____
☎ _____	☎ _____
👤 _____	👤 _____
☎ _____	☎ _____

Heute vereinbarte Termine: **Geführte Gespräche:**

1 _____   1 _____

2 _____   2 _____

3 _____   3 _____

4 _____   4 _____

5 _____   5 _____

Mein Umsatz: _____

Das habe ich heute erreicht:

_____

_____

Freitag, _____

Meine neuen Kontakte von heute:

☘ _____	☘ _____
(_____	(_____
☘ _____	☘ _____
(_____	(_____
☘ _____	☘ _____
(_____	(_____
☘ _____	☘ _____
(_____	(_____
☘ _____	☘ _____
(_____	(_____

Heute vereinbarte Termine: **Geführte Gespräche:**

1 _____   1 _____

2 _____   2 _____

3 _____   3 _____

4 _____   4 _____

5 _____   5 _____

Mein Umsatz: _____

Das habe ich heute erreicht:

_____

_____

Samstag, _____

Meine neuen Kontakte von heute:

👤 _____		👤 _____	
📞 _____		📞 _____	
👤 _____		👤 _____	
📞 _____		📞 _____	
👤 _____		👤 _____	
📞 _____		📞 _____	
👤 _____		👤 _____	
📞 _____		📞 _____	
👤 _____		👤 _____	
📞 _____		📞 _____	

Heute vereinbarte Termine:

1 _____
2 _____
3 _____
4 _____
5 _____

Geführte Gespräche:

1 _____
2 _____
3 _____
4 _____
5 _____

Mein Umsatz: _____

Das habe ich heute erreicht:

_____

_____

Sonntag, _____

Meine neuen Kontakte von heute:

👤 _____	👤 _____
(_____	(_____
👤 _____	👤 _____
(_____	(_____
👤 _____	👤 _____
(_____	(_____
👤 _____	👤 _____
(_____	(_____
👤 _____	👤 _____
(_____	(_____

Heute vereinbarte Termine: **Geführte Gespräche:**

1 _____   1 _____

2 _____   2 _____

3 _____   3 _____

4 _____   4 _____

5 _____   5 _____

Mein Umsatz: _____

Das habe ich heute erreicht:

_____

_____

Meine Wochenbilanz – geschäftlich

Das ist gut gelaufen:

_____

_____

_____

_____

Das ist nicht so gut gelaufen:

_____

_____

_____

Mögliche Gründe:

_____

_____

_____

So mache ich es künftig besser:

_____

_____

_____

Diese neuen Erkenntnisse habe ich gewonnen:

_____

_____

_____

_____

_____. Woche

Meine Wochenbilanz – privat

Work-Life-Balance:

_____

_____

_____

_____

Gesundheit:

_____

_____

_____

_____

_____

Soziale Beziehungen:

_____

_____

_____

_____

_____

Finanzen:

_____

_____

_____

_____

_____

_____. Woche

Ideen

An dieser Stelle notiere ich mir sofort *alles,* was mir an Ideen zur Verbesserung meiner geschäftlichen (oder auch privaten) Verhältnisse einfällt – ganz spontan und ohne lange über Durchführbarkeit und Sinn nachzudenken.

Wenn ich am Samstag/Sonntag meine Planung für die nächste Woche erstelle, nehme ich mir Zeit dafür, über jeden einzelnen der hier notierten Punkte und seine Umsetzung nachzudenken:

1 _____

_____

_____

_____

2 _____

_____

_____

_____

3 _____

_____

_____

_____

4 _____

_____

_____

_____

_____. Woche

vom _____ **bis** _____

„Network-Marketing
bedeutet nicht Prinzen suchen,
sondern Frösche küssen."

Meine Wochenplanung

Zu erledigen aufgrund meiner Langfrist-/Jahresziele (Seite 8 bis 25):

Aufgabe   *erl.*

1 _____ ☐

2 _____ ☐

3 _____ ☐

4 _____ ☐

5 _____ ☐

Diese „Ideen" aus den letzten Wochen möchte ich umsetzen:

1 _____ ☐

2 _____ ☐

3 _____ ☐

4 _____ ☐

5 _____ ☐

Nicht erledigtes Ziel aus der letzten Woche (hier steht hoffentlich gar nichts! ☺):

1 _____ ☐

Themen für das Teammeeting diese Woche:

1 _____

2 _____

3 _____

4 _____

5 _____

Montag, _____

Meine neuen Kontakte von heute:

👤 _____	👤 _____
(_____	(_____
👤 _____	👤 _____
(_____	(_____
👤 _____	👤 _____
(_____	(_____
👤 _____	👤 _____
(_____	(_____
👤 _____	👤 _____
(_____	(_____

Heute vereinbarte Termine: **Geführte Gespräche:**

1 _____   1 _____

2 _____   2 _____

3 _____   3 _____

4 _____   4 _____

5 _____   5 _____

Mein Umsatz: _____

Das habe ich heute erreicht:

_____

_____

Dienstag, _____

Meine neuen Kontakte von heute:

Heute vereinbarte Termine:

1 _____
2 _____
3 _____
4 _____
5 _____

Geführte Gespräche:

1 _____
2 _____
3 _____
4 _____
5 _____

Mein Umsatz: _____

Das habe ich heute erreicht:

_____

_____

Mittwoch, _____

Meine neuen Kontakte von heute:

👤 _____	👤 _____
(_____	(_____
👤 _____	👤 _____
(_____	(_____
👤 _____	👤 _____
(_____	(_____
👤 _____	👤 _____
(_____	(_____
👤 _____	👤 _____
(_____	(_____

Heute vereinbarte Termine: **Geführte Gespräche:**

1 _____   1 _____

2 _____   2 _____

3 _____   3 _____

4 _____   4 _____

5 _____   5 _____

Mein Umsatz: _____

Das habe ich heute erreicht:

_____

_____

95   _____. Woche

Donnerstag, _____

Meine neuen Kontakte von heute:

▲ _____	▲ _____
(_____	(_____
▲ _____	▲ _____
(_____	(_____
▲ _____	▲ _____
(_____	(_____
▲ _____	▲ _____
(_____	(_____
▲ _____	▲ _____
(_____	(_____

Heute vereinbarte Termine: **Geführte Gespräche:**

1 _____   1 _____

2 _____   2 _____

3 _____   3 _____

4 _____   4 _____

5 _____   5 _____

Mein Umsatz: _____

Das habe ich heute erreicht:

_____

_____

Freitag, _____

Meine neuen Kontakte von heute:

▲ _____	▲ _____
(_____	(_____
▲ _____	▲ _____
(_____	(_____
▲ _____	▲ _____
(_____	(_____
▲ _____	▲ _____
(_____	(_____
▲ _____	▲ _____
(_____	(_____

Heute vereinbarte Termine: **Geführte Gespräche:**

1 _____   1 _____

2 _____   2 _____

3 _____   3 _____

4 _____   4 _____

5 _____   5 _____

Mein Umsatz: _____

Das habe ich heute erreicht:

_____

_____

Samstag, _____

Meine neuen Kontakte von heute:

♟ _____	♟ _____
(_____	(_____
♟ _____	♟ _____
(_____	(_____
♟ _____	♟ _____
(_____	(_____
♟ _____	♟ _____
(_____	(_____
♟ _____	♟ _____
(_____	(_____

Heute vereinbarte Termine: **Geführte Gespräche:**

1 _____   1 _____

2 _____   2 _____

3 _____   3 _____

4 _____   4 _____

5 _____   5 _____

Mein Umsatz: _____

Das habe ich heute erreicht:

_____

_____

Sonntag, _____

Meine neuen Kontakte von heute:

♟ _____	♟ _____
(_____	(_____
♟ _____	♟ _____
(_____	(_____
♟ _____	♟ _____
(_____	(_____
♟ _____	♟ _____
(_____	(_____
♟ _____	♟ _____
(_____	(_____

Heute vereinbarte Termine: **Geführte Gespräche:**

1 _____   1 _____
2 _____   2 _____
3 _____   3 _____
4 _____   4 _____
5 _____   5 _____

Mein Umsatz: _____

Das habe ich heute erreicht:

_____

_____

Meine Wochenbilanz – geschäftlich

Das ist gut gelaufen:

_____

_____

_____

_____

Das ist nicht so gut gelaufen:

_____

_____

_____

Mögliche Gründe:

_____

_____

_____

So mache ich es künftig besser:

_____

_____

_____

Diese neuen Erkenntnisse habe ich gewonnen:

_____

_____

_____

_____

_____. **Woche**

Meine Wochenbilanz – privat

Work-Life-Balance:

_____

_____

_____

_____

Gesundheit:

_____

_____

_____

_____

Soziale Beziehungen:

_____

_____

_____

_____

Finanzen:

_____

_____

_____

_____

_____. Woche

Ideen

An dieser Stelle notiere ich mir sofort *alles,* was mir an Ideen zur Verbesserung meiner geschäftlichen (oder auch privaten) Verhältnisse einfällt – ganz spontan und ohne lange über Durchführbarkeit und Sinn nachzudenken.

Wenn ich am Samstag/Sonntag meine Planung für die nächste Woche erstelle, nehme ich mir Zeit dafür, über jeden einzelnen der hier notierten Punkte und seine Umsetzung nachzudenken:

1 _____
_____
_____
_____

2 _____
_____
_____
_____

3 _____
_____
_____
_____

4 _____
_____
_____
_____

_____. Woche

vom _____ bis _____

„Je öfter du an andere denkst,
desto mehr tust du auch für sich selbst!"

Meine Wochenplanung

**Zu erledigen aufgrund meiner Langfrist-/Jahresziele
(Seite 8 bis 25):**

Aufgabe   *erl.*

1 _____ ☐

2 _____ ☐

3 _____ ☐

4 _____ ☐

5 _____ ☐

Diese „Ideen" aus den letzten Wochen möchte ich umsetzen:

1 _____ ☐

2 _____ ☐

3 _____ ☐

4 _____ ☐

5 _____ ☐

**Nicht erledigtes Ziel aus der letzten Woche (hier steht hoffentlich gar
nichts! ☺):**

1 _____ ☐

Themen für das Teammeeting diese Woche:

1 _____

2 _____

3 _____

4 _____

5 _____

Montag, _____

Meine neuen Kontakte von heute:

👤 _____	👤 _____
☎ _____	☎ _____
👤 _____	👤 _____
☎ _____	☎ _____
👤 _____	👤 _____
☎ _____	☎ _____
👤 _____	👤 _____
☎ _____	☎ _____
👤 _____	👤 _____
☎ _____	☎ _____

Heute vereinbarte Termine:

1 _____
2 _____
3 _____
4 _____
5 _____

Geführte Gespräche:

1 _____
2 _____
3 _____
4 _____
5 _____

Mein Umsatz: _____

Das habe ich heute erreicht:

_____

_____

Dienstag, _____

Meine neuen Kontakte von heute:

⌂ _____	⌂ _____
(_____	(_____
⌂ _____	⌂ _____
(_____	(_____
⌂ _____	⌂ _____
(_____	(_____
⌂ _____	⌂ _____
(_____	(_____
⌂ _____	⌂ _____
(_____	(_____

Heute vereinbarte Termine: **Geführte Gespräche:**

1 _____   1 _____

2 _____   2 _____

3 _____   3 _____

4 _____   4 _____

5 _____   5 _____

Mein Umsatz: _____

Das habe ich heute erreicht:

_____

_____

Meine neuen Kontakte von heute:

_____	_____
_____	_____
_____	_____
_____	_____
_____	_____
_____	_____
_____	_____
_____	_____
_____	_____
_____	_____

Heute vereinbarte Termine: **Geführte Gespräche:**

1 _____   1 _____

2 _____   2 _____

3 _____   3 _____

4 _____   4 _____

5 _____   5 _____

Mein Umsatz: _____

Das habe ich heute erreicht:

_____

_____

Donnerstag, _____

Meine neuen Kontakte von heute:

♟ _____ ☏ _____	♟ _____ ☏ _____
♟ _____ ☏ _____	♟ _____ ☏ _____
♟ _____ ☏ _____	♟ _____ ☏ _____
♟ _____ ☏ _____	♟ _____ ☏ _____
♟ _____ ☏ _____	♟ _____ ☏ _____

Heute vereinbarte Termine: **Geführte Gespräche:**

1 _____   1 _____

2 _____   2 _____

3 _____   3 _____

4 _____   4 _____

5 _____   5 _____

Mein Umsatz: _____

Das habe ich heute erreicht:

_____

_____

Freitag, _____

Meine neuen Kontakte von heute:

☎ _____	☎ _____
☏ _____	☏ _____
☎ _____	☎ _____
☏ _____	☏ _____
☎ _____	☎ _____
☏ _____	☏ _____
☎ _____	☎ _____
☏ _____	☏ _____
☎ _____	☎ _____
☏ _____	☏ _____

Heute vereinbarte Termine: **Geführte Gespräche:**

1 _____   1 _____

2 _____   2 _____

3 _____   3 _____

4 _____   4 _____

5 _____   5 _____

Mein Umsatz: _____

Das habe ich heute erreicht:

_____

_____

Samstag, _____

Meine neuen Kontakte von heute:

👤 _____	👤 _____
☎ _____	☎ _____
👤 _____	👤 _____
☎ _____	☎ _____
👤 _____	👤 _____
☎ _____	☎ _____
👤 _____	👤 _____
☎ _____	☎ _____
👤 _____	👤 _____
☎ _____	☎ _____

Heute vereinbarte Termine: **Geführte Gespräche:**

1 _____   1 _____

2 _____   2 _____

3 _____   3 _____

4 _____   4 _____

5 _____   5 _____

Mein Umsatz: _____

Das habe ich heute erreicht:

_____

_____

Sonntag, _____

Rekru-Tier
www.rekrutier.de

Meine neuen Kontakte von heute:

Heute vereinbarte Termine:

1 _____
2 _____
3 _____
4 _____
5 _____

Geführte Gespräche:

1 _____
2 _____
3 _____
4 _____
5 _____

Mein Umsatz: _____

Das habe ich heute erreicht:

_____
_____

Meine Wochenbilanz – geschäftlich

Rekru-Tier
www.rekrutier.de

Das ist gut gelaufen:

_____

_____

_____

_____

Das ist nicht so gut gelaufen:

_____

_____

_____

Mögliche Gründe:

_____

_____

_____

So mache ich es künftig besser:

_____

_____

_____

Diese neuen Erkenntnisse habe ich gewonnen:

_____

_____

_____

_____

Meine Wochenbilanz – privat

Rekru-Tier
www.rekrutier.de

Work-Life-Balance:

_____

_____

_____

_____

Gesundheit:

_____

_____

_____

_____

Soziale Beziehungen:

_____

_____

_____

_____

Finanzen:

_____

_____

_____

_____

_____. **Woche**

Ideen

An dieser Stelle notiere ich mir sofort *alles,* was mir an Ideen zur Verbesserung meiner geschäftlichen (oder auch privaten) Verhältnisse einfällt – ganz spontan und ohne lange über Durchführbarkeit und Sinn nachzudenken.

Wenn ich am Samstag/Sonntag meine Planung für die nächste Woche erstelle, nehme ich mir Zeit dafür, über jeden einzelnen der hier notierten Punkte und seine Umsetzung nachzudenken:

1 _____

_____

_____

_____

2 _____

_____

_____

_____

3 _____

_____

_____

_____

4 _____

_____

_____

_____

_____. Woche

vom _____ bis _____

„Man sollte das Einfache
auf die Spitze treiben –
ja sogar nach Meisterschaft
in der Vereinfachung
hochkomplexer Dinge streben."

Meine Wochenplanung

Zu erledigen aufgrund meiner Langfrist-/Jahresziele
(Seite 8 bis 25):

Aufgabe   *erl.*

1 _____ ☐

2 _____ ☐

3 _____ ☐

4 _____ ☐

5 _____ ☐

Diese „Ideen" aus den letzten Wochen möchte ich umsetzen:

1 _____ ☐

2 _____ ☐

3 _____ ☐

4 _____ ☐

5 _____ ☐

Nicht erledigtes Ziel aus der letzten Woche (hier steht hoffentlich gar
nichts! ☺):

1 _____ ☐

Themen für das Teammeeting diese Woche:

1 _____

2 _____

3 _____

4 _____

5 _____

Montag, _____

Meine neuen Kontakte von heute:

☀ _____	☀ _____
(_____	(_____
☀ _____	☀ _____
(_____	(_____
☀ _____	☀ _____
(_____	(_____
☀ _____	☀ _____
(_____	(_____
☀ _____	☀ _____
(_____	(_____

Heute vereinbarte Termine:　　　**Geführte Gespräche:**

1 _____　　　1 _____

2 _____　　　2 _____

3 _____　　　3 _____

4 _____　　　4 _____

5 _____　　　5 _____

Mein Umsatz: _____

Das habe ich heute erreicht:

_____

_____

Dienstag, _____

Meine neuen Kontakte von heute:

♠ _____	♠ _____
(_____	(_____
♠ _____	♠ _____
(_____	(_____
♠ _____	♠ _____
(_____	(_____
♠ _____	♠ _____
(_____	(_____
♠ _____	♠ _____
(_____	(_____

Heute vereinbarte Termine: **Geführte Gespräche:**

1 _____   1 _____

2 _____   2 _____

3 _____   3 _____

4 _____   4 _____

5 _____   5 _____

Mein Umsatz: _____

Das habe ich heute erreicht:

_____

_____

Mittwoch, _____

Rekru-Tier
www.rekrutier.de

Meine neuen Kontakte von heute:

Heute vereinbarte Termine:

1 _____
2 _____
3 _____
4 _____
5 _____

Geführte Gespräche:

1 _____
2 _____
3 _____
4 _____
5 _____

Mein Umsatz: _____

Das habe ich heute erreicht:

_____

_____

_____. Woche

Donnerstag, _____

Meine neuen Kontakte von heute:

👤 _____	👤 _____
☎ _____	☎ _____
👤 _____	👤 _____
☎ _____	☎ _____
👤 _____	👤 _____
☎ _____	☎ _____
👤 _____	👤 _____
☎ _____	☎ _____
👤 _____	👤 _____
☎ _____	☎ _____

Heute vereinbarte Termine: **Geführte Gespräche:**

1 _____   1 _____

2 _____   2 _____

3 _____   3 _____

4 _____   4 _____

5 _____   5 _____

Mein Umsatz: _____

Das habe ich heute erreicht:

_____

_____

Freitag, _____

Meine neuen Kontakte von heute:

Heute vereinbarte Termine:

1 _____
2 _____
3 _____
4 _____
5 _____

Geführte Gespräche:

1 _____
2 _____
3 _____
4 _____
5 _____

Mein Umsatz: _____

Das habe ich heute erreicht:

_____

_____

_____. Woche

Samstag, _____

Meine neuen Kontakte von heute:

👤 _____	👤 _____
📞 _____	📞 _____
👤 _____	👤 _____
📞 _____	📞 _____
👤 _____	👤 _____
📞 _____	📞 _____
👤 _____	👤 _____
📞 _____	📞 _____
👤 _____	👤 _____
📞 _____	📞 _____

Heute vereinbarte Termine: **Geführte Gespräche:**

1 _____   1 _____

2 _____   2 _____

3 _____   3 _____

4 _____   4 _____

5 _____   5 _____

Mein Umsatz: _____

Das habe ich heute erreicht:

_____

_____

Sonntag, _____

Meine neuen Kontakte von heute:

♟ _____ (_____	♟ _____ (_____
♟ _____ (_____	♟ _____ (_____
♟ _____ (_____	♟ _____ (_____
♟ _____ (_____	♟ _____ (_____
♟ _____ (_____	♟ _____ (_____

Heute vereinbarte Termine:

1 _____
2 _____
3 _____
4 _____
5 _____

Geführte Gespräche:

1 _____
2 _____
3 _____
4 _____
5 _____

Mein Umsatz: _____

Das habe ich heute erreicht:

_____

_____

Meine Wochenbilanz – geschäftlich

Das ist gut gelaufen:

_____

_____

_____

_____

Das ist nicht so gut gelaufen:

_____

_____

_____

Mögliche Gründe:

_____

_____

_____

So mache ich es künftig besser:

_____

_____

_____

Diese neuen Erkenntnisse habe ich gewonnen:

_____

_____

_____

_____

Meine Wochenbilanz – privat

Work-Life-Balance:

_____

_____

_____

_____

Gesundheit:

_____

_____

_____

_____

_____

Soziale Beziehungen:

_____

_____

_____

_____

_____

Finanzen:

_____

_____

_____

_____

_____

_____. Woche

Ideen

An dieser Stelle notiere ich mir sofort *alles,* was mir an Ideen zur Verbesserung meiner geschäftlichen (oder auch privaten) Verhältnisse einfällt – ganz spontan und ohne lange über Durchführbarkeit und Sinn nachzudenken.

Wenn ich am Samstag/Sonntag meine Planung für die nächste Woche erstelle, nehme ich mir Zeit dafür, über jeden einzelnen der hier notierten Punkte und seine Umsetzung nachzudenken:

1 _____

_____

_____

_____

2 _____

_____

_____

_____

3 _____

_____

_____

_____

4 _____

_____

_____

_____

_____. Woche

vom _____ bis _____

> „Mitleid bekommst du geschenkt –
> Neid muss du dir hart erarbeiten!"

Meine Wochenplanung

Zu erledigen aufgrund meiner Langfrist-/Jahresziele (Seite 8 bis 25):

Aufgabe	erl.
1 _____	☐
2 _____	☐
3 _____	☐
4 _____	☐
5 _____	☐

Diese „Ideen" aus den letzten Wochen möchte ich umsetzen:

	erl.
1 _____	☐
2 _____	☐
3 _____	☐
4 _____	☐
5 _____	☐

Nicht erledigtes Ziel aus der letzten Woche (hier steht hoffentlich gar nichts! ☺):

1 _____	☐

Themen für das Teammeeting diese Woche:

1 _____

2 _____

3 _____

4 _____

5 _____

Rekru-Tier
www.rekrutier.de

Meine neuen Kontakte von heute:

Heute vereinbarte Termine:

1 _____
2 _____
3 _____
4 _____
5 _____

Geführte Gespräche:

1 _____
2 _____
3 _____
4 _____
5 _____

Mein Umsatz: _____

Das habe ich heute erreicht:

_____

_____

Dienstag, _____

Meine neuen Kontakte von heute:

♔ _____	♔ _____
(_____	(_____
♔ _____	♔ _____
(_____	(_____
♔ _____	♔ _____
(_____	(_____
♔ _____	♔ _____
(_____	(_____
♔ _____	♔ _____
(_____	(_____

Heute vereinbarte Termine: **Geführte Gespräche:**

1 _____   1 _____

2 _____   2 _____

3 _____   3 _____

4 _____   4 _____

5 _____   5 _____

Mein Umsatz: _____

Das habe ich heute erreicht:

_____

_____

Mittwoch, _____

Meine neuen Kontakte von heute:

👤 _____		👤 _____	
(_____		(_____	
👤 _____		👤 _____	
(_____		(_____	
👤 _____		👤 _____	
(_____		(_____	
👤 _____		👤 _____	
(_____		(_____	
👤 _____		👤 _____	
(_____		(_____	

Heute vereinbarte Termine:

1 _____
2 _____
3 _____
4 _____
5 _____

Geführte Gespräche:

1 _____
2 _____
3 _____
4 _____
5 _____

Mein Umsatz: _____

Das habe ich heute erreicht:

_____

_____

_____. Woche

Meine neuen Kontakte von heute:

Heute vereinbarte Termine:

1 _____
2 _____
3 _____
4 _____
5 _____

Geführte Gespräche:

1 _____
2 _____
3 _____
4 _____
5 _____

Mein Umsatz: _____

Das habe ich heute erreicht:

_____

_____

Freitag, _____

Meine neuen Kontakte von heute:

Heute vereinbarte Termine:

1 _____
2 _____
3 _____
4 _____
5 _____

Geführte Gespräche:

1 _____
2 _____
3 _____
4 _____
5 _____

Mein Umsatz: _____

Das habe ich heute erreicht:

_____
_____

Samstag, _____

Meine neuen Kontakte von heute:

Heute vereinbarte Termine:

1 _____
2 _____
3 _____
4 _____
5 _____

Geführte Gespräche:

1 _____
2 _____
3 _____
4 _____
5 _____

Mein Umsatz: _____

Das habe ich heute erreicht:

_____

_____

Sonntag, _____

Meine neuen Kontakte von heute:

👤 _____		👤 _____	
☎ _____		☎ _____	
👤 _____		👤 _____	
☎ _____		☎ _____	
👤 _____		👤 _____	
☎ _____		☎ _____	
👤 _____		👤 _____	
☎ _____		☎ _____	
👤 _____		👤 _____	
☎ _____		☎ _____	

Heute vereinbarte Termine: **Geführte Gespräche:**

1 _____   1 _____

2 _____   2 _____

3 _____   3 _____

4 _____   4 _____

5 _____   5 _____

Mein Umsatz: _____

Das habe ich heute erreicht:

_____

_____

Meine Wochenbilanz – geschäftlich

Rekru-Tier
www.rekrutier.de

Das ist gut gelaufen:

_____

_____

_____

_____

Das ist nicht so gut gelaufen:

_____

_____

_____

Mögliche Gründe:

_____

_____

_____

So mache ich es künftig besser:

_____

_____

_____

Diese neuen Erkenntnisse habe ich gewonnen:

_____

_____

_____

_____

Meine Wochenbilanz – privat

Work-Life-Balance:

_____

_____

_____

_____

Gesundheit:

_____

_____

_____

_____

Soziale Beziehungen:

_____

_____

_____

_____

_____

Finanzen:

_____

_____

_____

_____

_____. **Woche**

Ideen

An dieser Stelle notiere ich mir sofort *alles,* was mir an Ideen zur Verbesserung meiner geschäftlichen (oder auch privaten) Verhältnisse einfällt – ganz spontan und ohne lange über Durchführbarkeit und Sinn nachzudenken.

Wenn ich am Samstag/Sonntag meine Planung für die nächste Woche erstelle, nehme ich mir Zeit dafür, über jeden einzelnen der hier notierten Punkte und seine Umsetzung nachzudenken:

1 _____

_____

_____

_____

2 _____

_____

_____

_____

3 _____

_____

_____

_____

4 _____

_____

_____

_____

_____. Woche

vom _____ bis _____

„Du musst nicht unbedingt
Außergewöhnliches können –
aber das Gewöhnliche
außergewöhnlich gut."

Meine Wochenplanung

**Zu erledigen aufgrund meiner Langfrist-/Jahresziele
(Seite 8 bis 25):**

Aufgabe   *erl.*

1 _____ ☐

2 _____ ☐

3 _____ ☐

4 _____ ☐

5 _____ ☐

Diese „Ideen" aus den letzten Wochen möchte ich umsetzen:

1 _____ ☐

2 _____ ☐

3 _____ ☐

4 _____ ☐

5 _____ ☐

**Nicht erledigtes Ziel aus der letzten Woche (hier steht hoffentlich gar
nichts! ☺):**

1 _____ ☐

Themen für das Teammeeting diese Woche:

1 _____

2 _____

3 _____

4 _____

5 _____

Montag, _____

Meine neuen Kontakte von heute:

Heute vereinbarte Termine:

1 _____
2 _____
3 _____
4 _____
5 _____

Geführte Gespräche:

1 _____
2 _____
3 _____
4 _____
5 _____

Mein Umsatz: _____

Das habe ich heute erreicht:

_____

_____

Dienstag, _____

Meine neuen Kontakte von heute:

⚜ _____ (_____	⚜ _____ (_____
⚜ _____ (_____	⚜ _____ (_____
⚜ _____ (_____	⚜ _____ (_____
⚜ _____ (_____	⚜ _____ (_____
⚜ _____ (_____	⚜ _____ (_____

Heute vereinbarte Termine: **Geführte Gespräche:**

1 _____   1 _____

2 _____   2 _____

3 _____   3 _____

4 _____   4 _____

5 _____   5 _____

Mein Umsatz: _____

Das habe ich heute erreicht:

_____

_____

Mittwoch, _____

Meine neuen Kontakte von heute:

☎ _____	☎ _____
✆ _____	✆ _____
☎ _____	☎ _____
✆ _____	✆ _____
☎ _____	☎ _____
✆ _____	✆ _____
☎ _____	☎ _____
✆ _____	✆ _____
☎ _____	☎ _____
✆ _____	✆ _____

Heute vereinbarte Termine: **Geführte Gespräche:**

1 _____   1 _____

2 _____   2 _____

3 _____   3 _____

4 _____   4 _____

5 _____   5 _____

Mein Umsatz: _____

Das habe ich heute erreicht:

_____

_____

Meine neuen Kontakte von heute:

☎ _____	☎ _____
☏ _____	☏ _____
☎ _____	☎ _____
☏ _____	☏ _____
☎ _____	☎ _____
☏ _____	☏ _____
☎ _____	☎ _____
☏ _____	☏ _____
☎ _____	☎ _____
☏ _____	☏ _____

Heute vereinbarte Termine:

1 _____
2 _____
3 _____
4 _____
5 _____

Geführte Gespräche:

1 _____
2 _____
3 _____
4 _____
5 _____

Mein Umsatz: _____

Das habe ich heute erreicht:

_____

_____

Freitag, _____

Meine neuen Kontakte von heute:

♟	_____	♟	_____
(	_____	(	_____
♟	_____	♟	_____
(	_____	(	_____
♟	_____	♟	_____
(	_____	(	_____
♟	_____	♟	_____
(	_____	(	_____
♟	_____	♟	_____
(	_____	(	_____

Heute vereinbarte Termine:

1 _____
2 _____
3 _____
4 _____
5 _____

Geführte Gespräche:

1 _____
2 _____
3 _____
4 _____
5 _____

Mein Umsatz: _____

Das habe ich heute erreicht:

_____

_____

Samstag, _____

Rekru-Tier
www.rekrutier.de

Meine neuen Kontakte von heute:

♟ _____	♟ _____
(_____	(_____
♟ _____	♟ _____
(_____	(_____
♟ _____	♟ _____
(_____	(_____
♟ _____	♟ _____
(_____	(_____
♟ _____	♟ _____
(_____	(_____

Heute vereinbarte Termine: **Geführte Gespräche:**

1 _____   1 _____

2 _____   2 _____

3 _____   3 _____

4 _____   4 _____

5 _____   5 _____

Mein Umsatz: _____

Das habe ich heute erreicht:

_____

_____

_____. Woche   146

Rekru-Tier
www.rekrutier.de

Meine neuen Kontakte von heute:

Heute vereinbarte Termine:

1 _____
2 _____
3 _____
4 _____
5 _____

Geführte Gespräche:

1 _____
2 _____
3 _____
4 _____
5 _____

Mein Umsatz: _____

Das habe ich heute erreicht:

_____

_____

Meine Wochenbilanz – geschäftlich

Das ist gut gelaufen:

_____

_____

_____

_____

Das ist nicht so gut gelaufen:

_____

_____

_____

Mögliche Gründe:

_____

_____

_____

So mache ich es künftig besser:

_____

_____

_____

Diese neuen Erkenntnisse habe ich gewonnen:

_____

_____

_____

_____

Meine Wochenbilanz – privat

Work-Life-Balance:

_____

_____

_____

_____

Gesundheit:

_____

_____

_____

_____

_____

Soziale Beziehungen:

_____

_____

_____

_____

_____

Finanzen:

_____

_____

_____

_____

_____

_____. Woche

Ideen

An dieser Stelle notiere ich mir sofort *alles,* was mir an Ideen zur Verbesserung meiner geschäftlichen (oder auch privaten) Verhältnisse einfällt – ganz spontan und ohne lange über Durchführbarkeit und Sinn nachzudenken.

Wenn ich am Samstag/Sonntag meine Planung für die nächste Woche erstelle, nehme ich mir Zeit dafür, über jeden einzelnen der hier notierten Punkte und seine Umsetzung nachzudenken:

1 _____

_____

_____

_____

2 _____

_____

_____

_____

3 _____

_____

_____

_____

4 _____

_____

_____

_____

_____. Woche

vom _____ bis _____

„Das Schicksal mischt die Karten,
aber du spielst das Spiel!"

Meine Wochenplanung

**Zu erledigen aufgrund meiner Langfrist-/Jahresziele
(Seite 8 bis 25):**

Aufgabe   *erl.*

1 _____ ☐

2 _____ ☐

3 _____ ☐

4 _____ ☐

5 _____ ☐

Diese „Ideen" aus den letzten Wochen möchte ich umsetzen:

1 _____ ☐

2 _____ ☐

3 _____ ☐

4 _____ ☐

5 _____ ☐

Nicht erledigtes Ziel aus der letzten Woche (hier steht hoffentlich gar nichts! ☺):

1 _____ ☐

Themen für das Teammeeting diese Woche:

1 _____

2 _____

3 _____

4 _____

5 _____

Montag, _____

Meine neuen Kontakte von heute:

👤 _____	👤 _____
☎ _____	☎ _____
👤 _____	👤 _____
☎ _____	☎ _____
👤 _____	👤 _____
☎ _____	☎ _____
👤 _____	👤 _____
☎ _____	☎ _____
👤 _____	👤 _____
☎ _____	☎ _____

Heute vereinbarte Termine: **Geführte Gespräche:**

1 _____	1 _____
2 _____	2 _____
3 _____	3 _____
4 _____	4 _____
5 _____	5 _____

Mein Umsatz: _____

Das habe ich heute erreicht:

_____

_____

153   **_____. Woche**

Dienstag, _____

Meine neuen Kontakte von heute:

🐾 _____	🐾 _____
(_____	(_____
🐾 _____	🐾 _____
(_____	(_____
🐾 _____	🐾 _____
(_____	(_____
🐾 _____	🐾 _____
(_____	(_____
🐾 _____	🐾 _____
(_____	(_____

Heute vereinbarte Termine: **Geführte Gespräche:**

1 _____   1 _____

2 _____   2 _____

3 _____   3 _____

4 _____   4 _____

5 _____   5 _____

Mein Umsatz: _____

Das habe ich heute erreicht:

_____

_____

Mittwoch, _____

Meine neuen Kontakte von heute:

Heute vereinbarte Termine:

1 _____
2 _____
3 _____
4 _____
5 _____

Geführte Gespräche:

1 _____
2 _____
3 _____
4 _____
5 _____

Mein Umsatz: _____

Das habe ich heute erreicht:

_____

_____

_____. Woche

Donnerstag, _____

Meine neuen Kontakte von heute:

👤 _____	👤 _____
📞 _____	📞 _____
👤 _____	👤 _____
📞 _____	📞 _____
👤 _____	👤 _____
📞 _____	📞 _____
👤 _____	👤 _____
📞 _____	📞 _____
👤 _____	👤 _____
📞 _____	📞 _____

Heute vereinbarte Termine: **Geführte Gespräche:**

1 _____   1 _____

2 _____   2 _____

3 _____   3 _____

4 _____   4 _____

5 _____   5 _____

Mein Umsatz: _____

Das habe ich heute erreicht:

_____

_____

Freitag, _____

Meine neuen Kontakte von heute:

♟ _____	♟ _____
(_____	(_____
♟ _____	♟ _____
(_____	(_____
♟ _____	♟ _____
(_____	(_____
♟ _____	♟ _____
(_____	(_____
♟ _____	♟ _____
(_____	(_____

Heute vereinbarte Termine: **Geführte Gespräche:**

1 _____   1 _____

2 _____   2 _____

3 _____   3 _____

4 _____   4 _____

5 _____   5 _____

Mein Umsatz: _____

Das habe ich heute erreicht:

_____

_____

_____ **. Woche**

Samstag, _____

Meine neuen Kontakte von heute:

▲ _____		▲ _____	
(_____		(_____	
▲ _____		▲ _____	
(_____		(_____	
▲ _____		▲ _____	
(_____		(_____	
▲ _____		▲ _____	
(_____		(_____	
▲ _____		▲ _____	
(_____		(_____	

Heute vereinbarte Termine: **Geführte Gespräche:**

1 _____   1 _____

2 _____   2 _____

3 _____   3 _____

4 _____   4 _____

5 _____   5 _____

Mein Umsatz: _____

Das habe ich heute erreicht:

_____

_____

Sonntag, _____

Meine neuen Kontakte von heute:

👤 _____	👤 _____
☎ _____	☎ _____
👤 _____	👤 _____
☎ _____	☎ _____
👤 _____	👤 _____
☎ _____	☎ _____
👤 _____	👤 _____
☎ _____	☎ _____
👤 _____	👤 _____
☎ _____	☎ _____

Heute vereinbarte Termine:

1 _____
2 _____
3 _____
4 _____
5 _____

Geführte Gespräche:

1 _____
2 _____
3 _____
4 _____
5 _____

Mein Umsatz: _____

Das habe ich heute erreicht:

_____

_____

Meine Wochenbilanz – geschäftlich

Das ist gut gelaufen:

_____

_____

_____

_____

Das ist nicht so gut gelaufen:

_____

_____

_____

Mögliche Gründe:

_____

_____

_____

So mache ich es künftig besser:

_____

_____

_____

Diese neuen Erkenntnisse habe ich gewonnen:

_____

_____

_____

_____

Meine Wochenbilanz – privat

Work-Life-Balance:

_____

_____

_____

_____

Gesundheit:

_____

_____

_____

_____

_____

Soziale Beziehungen:

_____

_____

_____

_____

_____

Finanzen:

_____

_____

_____

_____

_____

_____. Woche

Ideen

An dieser Stelle notiere ich mir sofort *alles,* was mir an Ideen zur Verbesserung meiner geschäftlichen (oder auch privaten) Verhältnisse einfällt – ganz spontan und ohne lange über Durchführbarkeit und Sinn nachzudenken.

Wenn ich am Samstag/Sonntag meine Planung für die nächste Woche erstelle, nehme ich mir Zeit dafür, über jeden einzelnen der hier notierten Punkte und seine Umsetzung nachzudenken:

1 _____

_____

_____

_____

2 _____

_____

_____

_____

3 _____

_____

_____

_____

4 _____

_____

_____

_____

_____. Woche

vom _____ bis _____

„Verändere dich!
Eine zweitbeste Entscheidung
ist besser als gar keine!"

Meine Wochenplanung

Zu erledigen aufgrund meiner Langfrist-/Jahresziele
(Seite 8 bis 25):

Aufgabe   erl.

1 _____ ☐

2 _____ ☐

3 _____ ☐

4 _____ ☐

5 _____ ☐

Diese „Ideen" aus den letzten Wochen möchte ich umsetzen:

1 _____ ☐

2 _____ ☐

3 _____ ☐

4 _____ ☐

5 _____ ☐

Nicht erledigtes Ziel aus der letzten Woche (hier steht hoffentlich gar
nichts! ☺):

1 _____ ☐

Themen für das Teammeeting diese Woche:

1 _____

2 _____

3 _____

4 _____

5 _____

Montag, _____

Meine neuen Kontakte von heute:

♟ _____	♟ _____
(_____	(_____
♟ _____	♟ _____
(_____	(_____
♟ _____	♟ _____
(_____	(_____
♟ _____	♟ _____
(_____	(_____
♟ _____	♟ _____
(_____	(_____

Heute vereinbarte Termine: **Geführte Gespräche:**

1 _____   1 _____

2 _____   2 _____

3 _____   3 _____

4 _____   4 _____

5 _____   5 _____

Mein Umsatz: _____

Das habe ich heute erreicht:

_____

_____

Dienstag, _____

Meine neuen Kontakte von heute:

Heute vereinbarte Termine:

1 _____
2 _____
3 _____
4 _____
5 _____

Geführte Gespräche:

1 _____
2 _____
3 _____
4 _____
5 _____

Mein Umsatz: _____

Das habe ich heute erreicht:

_____

_____

Mittwoch, _____

Meine neuen Kontakte von heute:

Heute vereinbarte Termine:

1 _____
2 _____
3 _____
4 _____
5 _____

Geführte Gespräche:

1 _____
2 _____
3 _____
4 _____
5 _____

Mein Umsatz: _____

Das habe ich heute erreicht:

_____

_____

_____ . Woche

Donnerstag, _____

Meine neuen Kontakte von heute:

☃ _____		☃ _____
☎ _____		☎ _____
☃ _____		☃ _____
☎ _____		☎ _____
☃ _____		☃ _____
☎ _____		☎ _____
☃ _____		☃ _____
☎ _____		☎ _____
☃ _____		☃ _____
☎ _____		☎ _____

Heute vereinbarte Termine: **Geführte Gespräche:**

1 _____   1 _____
2 _____   2 _____
3 _____   3 _____
4 _____   4 _____
5 _____   5 _____

Mein Umsatz: _____

Das habe ich heute erreicht:

_____

_____

Freitag, _____

Meine neuen Kontakte von heute:

☘ _____	☘ _____
(_____	(_____
☘ _____	☘ _____
(_____	(_____
☘ _____	☘ _____
(_____	(_____
☘ _____	☘ _____
(_____	(_____
☘ _____	☘ _____
(_____	(_____

Heute vereinbarte Termine: **Geführte Gespräche:**

1 _____   1 _____

2 _____   2 _____

3 _____   3 _____

4 _____   4 _____

5 _____   5 _____

Mein Umsatz: _____

Das habe ich heute erreicht:

_____

_____

Samstag, _____

Meine neuen Kontakte von heute:

♠ _____	♠ _____
(_____	(_____
♠ _____	♠ _____
(_____	(_____
♠ _____	♠ _____
(_____	(_____
♠ _____	♠ _____
(_____	(_____
♠ _____	♠ _____
(_____	(_____

Heute vereinbarte Termine: Geführte Gespräche:

1 _____   1 _____

2 _____   2 _____

3 _____   3 _____

4 _____   4 _____

5 _____   5 _____

Mein Umsatz: _____

Das habe ich heute erreicht:

_____

_____

Sonntag, _____

Meine neuen Kontakte von heute:

🕴 _____	🕴 _____
(_____	(_____
🕴 _____	🕴 _____
(_____	(_____
🕴 _____	🕴 _____
(_____	(_____
🕴 _____	🕴 _____
(_____	(_____
🕴 _____	🕴 _____
(_____	(_____

Heute vereinbarte Termine: **Geführte Gespräche:**

1 _____   1 _____

2 _____   2 _____

3 _____   3 _____

4 _____   4 _____

5 _____   5 _____

Mein Umsatz: _____

Das habe ich heute erreicht:

_____

_____

171   _____. Woche

Meine Wochenbilanz – geschäftlich

Das ist gut gelaufen:

_____

_____

_____

_____

Das ist nicht so gut gelaufen:

_____

_____

_____

Mögliche Gründe:

_____

_____

_____

So mache ich es künftig besser:

_____

_____

_____

Diese neuen Erkenntnisse habe ich gewonnen:

_____

_____

_____

_____

Meine Wochenbilanz – privat

Work-Life-Balance:

_____

_____

_____

_____

Gesundheit:

_____

_____

_____

_____

_____

Soziale Beziehungen:

_____

_____

_____

_____

_____

Finanzen:

_____

_____

_____

_____

_____

_____. Woche

Ideen

An dieser Stelle notiere ich mir sofort *alles,* was mir an Ideen zur Verbesserung meiner geschäftlichen (oder auch privaten) Verhältnisse einfällt – ganz spontan und ohne lange über Durchführbarkeit und Sinn nachzudenken.

Wenn ich am Samstag/Sonntag meine Planung für die nächste Woche erstelle, nehme ich mir Zeit dafür, über jeden einzelnen der hier notierten Punkte und seine Umsetzung nachzudenken:

1 _____

_____

_____

_____

2 _____

_____

_____

_____

3 _____

_____

_____

_____

4 _____

_____

_____

_____

_____. Woche

vom _____ bis _____

„Der sicherste Weg zum Erfolg:
es doch noch einmal zu versuchen."
(Thomas Alva Edison)

Meine Wochenplanung

**Zu erledigen aufgrund meiner Langfrist-/Jahresziele
(Seite 8 bis 25):**

Aufgabe   *erl.*

1 _____ ☐

2 _____ ☐

3 _____ ☐

4 _____ ☐

5 _____ ☐

Diese „Ideen" aus den letzten Wochen möchte ich umsetzen:

1 _____ ☐

2 _____ ☐

3 _____ ☐

4 _____ ☐

5 _____ ☐

**Nicht erledigtes Ziel aus der letzten Woche (hier steht hoffentlich gar
nichts! ☺):**

1 _____ ☐

Themen für das Teammeeting diese Woche:

1 _____

2 _____

3 _____

4 _____

5 _____

Montag, _____

Meine neuen Kontakte von heute:

Heute vereinbarte Termine:

1 _____
2 _____
3 _____
4 _____
5 _____

Geführte Gespräche:

1 _____
2 _____
3 _____
4 _____
5 _____

Mein Umsatz: _____

Das habe ich heute erreicht:

_____

_____

Rekru-Tier
www.rekrutier.de

Meine neuen Kontakte von heute:

👤 _____	👤 _____
(_____	(_____
👤 _____	👤 _____
(_____	(_____
👤 _____	👤 _____
(_____	(_____
👤 _____	👤 _____
(_____	(_____
👤 _____	👤 _____
(_____	(_____

Heute vereinbarte Termine: **Geführte Gespräche:**

1 _____   1 _____

2 _____   2 _____

3 _____   3 _____

4 _____   4 _____

5 _____   5 _____

Mein Umsatz: _____

Das habe ich heute erreicht:

_____

_____

Mittwoch, _____

Rekru-Tier
www.rekrutier.de

Meine neuen Kontakte von heute:

♠ _____	♠ _____
☏ _____	☏ _____
♠ _____	♠ _____
☏ _____	☏ _____
♠ _____	♠ _____
☏ _____	☏ _____
♠ _____	♠ _____
☏ _____	☏ _____
♠ _____	♠ _____
☏ _____	☏ _____

Heute vereinbarte Termine: **Geführte Gespräche:**

1 _____   1 _____
2 _____   2 _____
3 _____   3 _____
4 _____   4 _____
5 _____   5 _____

Mein Umsatz: _____

Das habe ich heute erreicht:

_____

_____

Donnerstag, _____

Meine neuen Kontakte von heute:

☗ _____	☗ _____
(_____	(_____
☗ _____	☗ _____
(_____	(_____
☗ _____	☗ _____
(_____	(_____
☗ _____	☗ _____
(_____	(_____
☗ _____	☗ _____
(_____	(_____

Heute vereinbarte Termine: **Geführte Gespräche:**

1 _____   1 _____

2 _____   2 _____

3 _____   3 _____

4 _____   4 _____

5 _____   5 _____

Mein Umsatz: _____

Das habe ich heute erreicht:

_____

_____

Freitag, _____

Meine neuen Kontakte von heute:

♣ _____	♣ _____
(_____	(_____
♣ _____	♣ _____
(_____	(_____
♣ _____	♣ _____
(_____	(_____
♣ _____	♣ _____
(_____	(_____
♣ _____	♣ _____
(_____	(_____

Heute vereinbarte Termine:

1 _____
2 _____
3 _____
4 _____
5 _____

Geführte Gespräche:

1 _____
2 _____
3 _____
4 _____
5 _____

Mein Umsatz: _____

Das habe ich heute erreicht:

_____

_____

_____ . Woche

Samstag, _____

Meine neuen Kontakte von heute:

👤 _____	👤 _____
📞 _____	📞 _____
👤 _____	👤 _____
📞 _____	📞 _____
👤 _____	👤 _____
📞 _____	📞 _____
👤 _____	👤 _____
📞 _____	📞 _____
👤 _____	👤 _____
📞 _____	📞 _____

Heute vereinbarte Termine:

1 _____
2 _____
3 _____
4 _____
5 _____

Geführte Gespräche:

1 _____
2 _____
3 _____
4 _____
5 _____

Mein Umsatz: _____

Das habe ich heute erreicht:

_____

_____

Sonntag, _____

Meine neuen Kontakte von heute:

_____	_____
_____	_____
_____	_____
_____	_____
_____	_____
_____	_____
_____	_____
_____	_____
_____	_____
_____	_____

Heute vereinbarte Termine:

1 _____
2 _____
3 _____
4 _____
5 _____

Geführte Gespräche:

1 _____
2 _____
3 _____
4 _____
5 _____

Mein Umsatz: _____

Das habe ich heute erreicht:

_____

_____

Meine Wochenbilanz – geschäftlich

Rekru-Tier
www.rekrutier.de

Das ist gut gelaufen:

_____

_____

_____

_____

Das ist nicht so gut gelaufen:

_____

_____

_____

Mögliche Gründe:

_____

_____

_____

So mache ich es künftig besser:

_____

_____

_____

Diese neuen Erkenntnisse habe ich gewonnen:

_____

_____

_____

_____

Meine Wochenbilanz – privat

Work-Life-Balance:

_____

_____

_____

_____

Gesundheit:

_____

_____

_____

_____

_____

Soziale Beziehungen:

_____

_____

_____

_____

_____

Finanzen:

_____

_____

_____

_____

_____

_____. Woche

Ideen

An dieser Stelle notiere ich mir sofort *alles,* was mir an Ideen zur Verbesserung meiner geschäftlichen (oder auch privaten) Verhältnisse einfällt – ganz spontan und ohne lange über Durchführbarkeit und Sinn nachzudenken.

Wenn ich am Samstag/Sonntag meine Planung für die nächste Woche erstelle, nehme ich mir Zeit dafür, über jeden einzelnen der hier notierten Punkte und seine Umsetzung nachzudenken:

1 _____

_____

_____

_____

2 _____

_____

_____

_____

3 _____

_____

_____

_____

4 _____

_____

_____

_____

_____. Woche

vom _____ bis _____

„Wer seinen eigenen Weg geht,
kann von niemandem überholt werden."

Meine Wochenplanung

Zu erledigen aufgrund meiner Langfrist-/Jahresziele
(Seite 8 bis 25):

Aufgabe   *erl.*

1 _____ ☐

2 _____ ☐

3 _____ ☐

4 _____ ☐

5 _____ ☐

Diese „Ideen" aus den letzten Wochen möchte ich umsetzen:

1 _____ ☐

2 _____ ☐

3 _____ ☐

4 _____ ☐

5 _____ ☐

Nicht erledigtes Ziel aus der letzten Woche (hier steht hoffentlich gar
nichts! ☺):

1 _____ ☐

Themen für das Teammeeting diese Woche:

1 _____

2 _____

3 _____

4 _____

5 _____

Rekru-Tier
www.rekrutier.de

Meine neuen Kontakte von heute:

Heute vereinbarte Termine:

1 _____
2 _____
3 _____
4 _____
5 _____

Geführte Gespräche:

1 _____
2 _____
3 _____
4 _____
5 _____

Mein Umsatz: _____

Das habe ich heute erreicht:

_____

_____

Dienstag, _____

Meine neuen Kontakte von heute:

♟ _____	♟ _____
(_____	(_____
♟ _____	♟ _____
(_____	(_____
♟ _____	♟ _____
(_____	(_____
♟ _____	♟ _____
(_____	(_____
♟ _____	♟ _____
(_____	(_____

Heute vereinbarte Termine: **Geführte Gespräche:**

1 _____   1 _____

2 _____   2 _____

3 _____   3 _____

4 _____   4 _____

5 _____   5 _____

Mein Umsatz: _____

Das habe ich heute erreicht:

_____

_____

Rekru-Tier
www.rekrutier.de

Meine neuen Kontakte von heute:

👤 _____	👤 _____
📞 _____	📞 _____
👤 _____	👤 _____
📞 _____	📞 _____
👤 _____	👤 _____
📞 _____	📞 _____
👤 _____	👤 _____
📞 _____	📞 _____
👤 _____	👤 _____
📞 _____	📞 _____

Heute vereinbarte Termine: **Geführte Gespräche:**

1 _____   1 _____

2 _____   2 _____

3 _____   3 _____

4 _____   4 _____

5 _____   5 _____

Mein Umsatz: _____

Das habe ich heute erreicht:

_____

_____

Donnerstag, _____

Meine neuen Kontakte von heute:

👤 _____	👤 _____
☏ _____	☏ _____
👤 _____	👤 _____
☏ _____	☏ _____
👤 _____	👤 _____
☏ _____	☏ _____
👤 _____	👤 _____
☏ _____	☏ _____
👤 _____	👤 _____
☏ _____	☏ _____

Heute vereinbarte Termine:

1 _____
2 _____
3 _____
4 _____
5 _____

Geführte Gespräche:

1 _____
2 _____
3 _____
4 _____
5 _____

Mein Umsatz: _____

Das habe ich heute erreicht:

_____

_____

Freitag, _____

Meine neuen Kontakte von heute:

Heute vereinbarte Termine:

1 _____
2 _____
3 _____
4 _____
5 _____

Geführte Gespräche:

1 _____
2 _____
3 _____
4 _____
5 _____

Mein Umsatz: _____

Das habe ich heute erreicht:

_____

_____

Samstag, _____

Meine neuen Kontakte von heute:

🌲 _____	🌲 _____
(_____	(_____
🌲 _____	🌲 _____
(_____	(_____
🌲 _____	🌲 _____
(_____	(_____
🌲 _____	🌲 _____
(_____	(_____
🌲 _____	🌲 _____
(_____	(_____

Heute vereinbarte Termine: **Geführte Gespräche:**

1 _____   1 _____

2 _____   2 _____

3 _____   3 _____

4 _____   4 _____

5 _____   5 _____

Mein Umsatz: _____

Das habe ich heute erreicht:

_____

_____

Sonntag, _____

Meine neuen Kontakte von heute:

👤 _____	👤 _____
📞 _____	📞 _____
👤 _____	👤 _____
📞 _____	📞 _____
👤 _____	👤 _____
📞 _____	📞 _____
👤 _____	👤 _____
📞 _____	📞 _____
👤 _____	👤 _____
📞 _____	📞 _____

Heute vereinbarte Termine:

1 _____
2 _____
3 _____
4 _____
5 _____

Geführte Gespräche:

1 _____
2 _____
3 _____
4 _____
5 _____

Mein Umsatz: _____

Das habe ich heute erreicht:

_____

_____

_____ **. Woche**

Meine Wochenbilanz – geschäftlich

Rekru-Tier
www.rekrutier.de

Das ist gut gelaufen:

_____

_____

_____

_____

Das ist nicht so gut gelaufen:

_____

_____

_____

Mögliche Gründe:

_____

_____

_____

So mache ich es künftig besser:

_____

_____

_____

Diese neuen Erkenntnisse habe ich gewonnen:

_____

_____

_____

_____

Meine Wochenbilanz – privat

Work-Life-Balance:

_____

_____

_____

_____

Gesundheit:

_____

_____

_____

_____

_____

Soziale Beziehungen:

_____

_____

_____

_____

_____

Finanzen:

_____

_____

_____

_____

_____

_____. **Woche**

Ideen

An dieser Stelle notiere ich mir sofort *alles*, was mir an Ideen zur Verbesserung meiner geschäftlichen (oder auch privaten) Verhältnisse einfällt – ganz spontan und ohne lange über Durchführbarkeit und Sinn nachzudenken.

Wenn ich am Samstag/Sonntag meine Planung für die nächste Woche erstelle, nehme ich mir Zeit dafür, über jeden einzelnen der hier notierten Punkte und seine Umsetzung nachzudenken:

1 _____

_____

_____

_____

2 _____

_____

_____

_____

3 _____

_____

_____

_____

4 _____

_____

_____

_____

_____. Woche

vom _____ bis _____

„Träume nicht dein Leben,
lebe deinen Traum!"

Meine Wochenplanung

**Zu erledigen aufgrund meiner Langfrist-/Jahresziele
(Seite 8 bis 25):**

Aufgabe   *erl.*

1 _____ ☐

2 _____ ☐

3 _____ ☐

4 _____ ☐

5 _____ ☐

Diese „Ideen" aus den letzten Wochen möchte ich umsetzen:

1 _____ ☐

2 _____ ☐

3 _____ ☐

4 _____ ☐

5 _____ ☐

Nicht erledigtes Ziel aus der letzten Woche (hier steht hoffentlich gar nichts! ☺):

1 _____ ☐

Themen für das Teammeeting diese Woche:

1 _____

2 _____

3 _____

4 _____

5 _____

Montag, _____

Meine neuen Kontakte von heute:

👤 _____	👤 _____
📞 _____	📞 _____
👤 _____	👤 _____
📞 _____	📞 _____
👤 _____	👤 _____
📞 _____	📞 _____
👤 _____	👤 _____
📞 _____	📞 _____
👤 _____	👤 _____
📞 _____	📞 _____

Heute vereinbarte Termine: **Geführte Gespräche:**

1 _____   1 _____

2 _____   2 _____

3 _____   3 _____

4 _____   4 _____

5 _____   5 _____

Mein Umsatz: _____

Das habe ich heute erreicht:

_____

_____

_____. Woche

Dienstag, _____

Meine neuen Kontakte von heute:

👤 _____	👤 _____
☎ _____	☎ _____
👤 _____	👤 _____
☎ _____	☎ _____
👤 _____	👤 _____
☎ _____	☎ _____
👤 _____	👤 _____
☎ _____	☎ _____
👤 _____	👤 _____
☎ _____	☎ _____

Heute vereinbarte Termine: **Geführte Gespräche:**

1 _____   1 _____

2 _____   2 _____

3 _____   3 _____

4 _____   4 _____

5 _____   5 _____

Mein Umsatz: _____

Das habe ich heute erreicht:

_____

_____

Mittwoch, _____

Meine neuen Kontakte von heute:

🌲 _____	🌲 _____
(_____	(_____
🌲 _____	🌲 _____
(_____	(_____
🌲 _____	🌲 _____
(_____	(_____
🌲 _____	🌲 _____
(_____	(_____
🌲 _____	🌲 _____
(_____	(_____

Heute vereinbarte Termine: **Geführte Gespräche:**

1 _____   1 _____

2 _____   2 _____

3 _____   3 _____

4 _____   4 _____

5 _____   5 _____

Mein Umsatz: _____

Das habe ich heute erreicht:

_____

_____

Donnerstag, _____

Meine neuen Kontakte von heute:

👤 _____	👤 _____
☎ _____	☎ _____
👤 _____	👤 _____
☎ _____	☎ _____
👤 _____	👤 _____
☎ _____	☎ _____
👤 _____	👤 _____
☎ _____	☎ _____
👤 _____	👤 _____
☎ _____	☎ _____

Heute vereinbarte Termine:

1 _____
2 _____
3 _____
4 _____
5 _____

Geführte Gespräche:

1 _____
2 _____
3 _____
4 _____
5 _____

Mein Umsatz: _____

Das habe ich heute erreicht:

_____

_____

Freitag, _____

Meine neuen Kontakte von heute:

👤 _____	👤 _____
☎ _____	☎ _____
👤 _____	👤 _____
☎ _____	☎ _____
👤 _____	👤 _____
☎ _____	☎ _____
👤 _____	👤 _____
☎ _____	☎ _____
👤 _____	👤 _____
☎ _____	☎ _____

Heute vereinbarte Termine:

1 _____
2 _____
3 _____
4 _____
5 _____

Geführte Gespräche:

1 _____
2 _____
3 _____
4 _____
5 _____

Mein Umsatz: _____

Das habe ich heute erreicht:

_____

_____

_____. Woche

Samstag, _____

Meine neuen Kontakte von heute:

👤 _____		👤 _____
☎ _____		☎ _____
👤 _____		👤 _____
☎ _____		☎ _____
👤 _____		👤 _____
☎ _____		☎ _____
👤 _____		👤 _____
☎ _____		☎ _____
👤 _____		👤 _____
☎ _____		☎ _____

Heute vereinbarte Termine: **Geführte Gespräche:**

1 _____   1 _____

2 _____   2 _____

3 _____   3 _____

4 _____   4 _____

5 _____   5 _____

Mein Umsatz: _____

Das habe ich heute erreicht:

_____

_____

Sonntag, _____

Meine neuen Kontakte von heute:

👤 _____	👤 _____
☏ _____	☏ _____
👤 _____	👤 _____
☏ _____	☏ _____
👤 _____	👤 _____
☏ _____	☏ _____
👤 _____	👤 _____
☏ _____	☏ _____
👤 _____	👤 _____
☏ _____	☏ _____

Heute vereinbarte Termine: **Geführte Gespräche:**

1 _____   1 _____

2 _____   2 _____

3 _____   3 _____

4 _____   4 _____

5 _____   5 _____

Mein Umsatz: _____

Das habe ich heute erreicht:

_____

_____

Meine Wochenbilanz – geschäftlich

Rekru-Tier
www.rekrutier.de

Das ist gut gelaufen:

_____

_____

_____

_____

Das ist nicht so gut gelaufen:

_____

_____

_____

Mögliche Gründe:

_____

_____

_____

So mache ich es künftig besser:

_____

_____

_____

Diese neuen Erkenntnisse habe ich gewonnen:

_____

_____

_____

_____

Meine Wochenbilanz – privat

Rekru-Tier
www.rekrutier.de

Work-Life-Balance:

_____

_____

_____

_____

Gesundheit:

_____

_____

_____

_____

_____

Soziale Beziehungen:

_____

_____

_____

_____

_____

Finanzen:

_____

_____

_____

_____

_____

_____. **Woche**

Ideen

An dieser Stelle notiere ich mir sofort *alles,* was mir an Ideen zur Verbesserung meiner geschäftlichen (oder auch privaten) Verhältnisse einfällt – ganz spontan und ohne lange über Durchführbarkeit und Sinn nachzudenken.

Wenn ich am Samstag/Sonntag meine Planung für die nächste Woche erstelle, nehme ich mir Zeit dafür, über jeden einzelnen der hier notierten Punkte und seine Umsetzung nachzudenken:

1 _____

_____

_____

_____

2 _____

_____

_____

_____

3 _____

_____

_____

_____

4 _____

_____

_____

_____

Meine Jahresbilanz

„Wer aufhört, besser werden zu wollen,
hört auf, gut zu sein."
(Marie von Ebner-Eschenbach)

Zielerreichung

Dieses Jahr habe ich fleißig an meinen Fernzielen gearbeitet:

Ziel 1: _____ – Das habe ich erreicht:

_____

_____

_____

Ziel 2: _____ – Das habe ich erreicht:

_____

_____

_____

Ziel 3: _____ – Das habe ich erreicht:

_____

_____

_____

Ziel 4: _____ – Das habe ich erreicht:

_____

_____

_____

Ziel 5: _____ – Das habe ich erreicht:

_____

_____

_____

Einschätzungen, Erkenntnisse

Das ist gut gelaufen:

1 _____

_____

2 _____

_____

3 _____

_____

Das kann ich verbessern:

1 _____

_____

2 _____

_____

Diese neuen Erkenntnisse habe ich gewonnen:

1 _____

_____

2 _____

_____

3 _____

_____

Neue Ideen, Wünsche und Ziele

Diese neuen Ideen, Wünsche und Ziele, die sich im Laufe des Jahres ergeben haben, will ich weiterverfolgen:

1 _____

_____

_____

2 _____

_____

_____

3 _____

_____

_____

4 _____

_____

_____

5 _____

_____

_____

Leitlinien für das neue Jahr

Rekru-Tier
www.rekrutier.de

Das sind die Dinge, die ich im nächsten Jahr unbedingt beherzigen/ ändern/noch intensiver umsetzen möchte:

1 _____
 _____
 _____

2 _____
 _____
 _____

3 _____
 _____
 _____

4 _____
 _____
 _____

5 _____
 _____
 _____

Meine Jahresbilanz _____

Besuch uns auf

www.rekrutier.de

Rekru-Tier

www.ingramcontent.com/pod-product-compliance
Lightning Source LLC
Chambersburg PA
CBHW061212220326
41599CB00025B/4620